郭齐勇国学三书 Ⅰ

郭齐勇 著

国学与国魂

海南出版社
·海口·

图书在版编目（CIP）数据

国学与国魂 / 郭齐勇著 .-- 海口：海南出版社，2023.2

（博约文丛 / 郭齐勇，阮忠主编）

“十四五”国家重点出版物出版规划项目

ISBN 978-7-5730-0834-3

Ⅰ . ①国… Ⅱ . ①郭… Ⅲ . ①随笔－作品集－中国－当代 Ⅳ . ① I267.1

中国版本图书馆 CIP 数据核字 (2022) 第 207212 号

国学与国魂

GUOXUE YU GUOHUN

作　　者：郭齐勇

责任编辑：李佳妮　张清梅

装帧设计：黎花莉

责任印制：杨　程

出版发行：海南出版社

地　　址：海口市金盘开发区建设三横路 2 号

邮　　编：570216

电　　话：0898-66819831

印刷装订：三河市兴达印务有限公司

版　　次：2023年2月第1版

印　　次：2023年2月第1次印刷

开　　本：880 mm × 1 230 mm　1/32

印　　张：8

彩　　插：10P

字　　数：200千字

书　　号：ISBN 978-7-5730-0834-3

定　　价：49.80元

1995 年 8 月，在波士顿大学出席第 9 届国际中国哲学大会时与萧萐父（左二）、杜维明（左三）、陈来（左一）等先生合影

1995 年 8 月，与刘述先教授在波士顿大学出席第 9 届国际中国哲学大会时的合影

1995 年，陪任继愈（左二）、方立天（左三）、刘兴邦（左一）先生访黄梅五祖寺

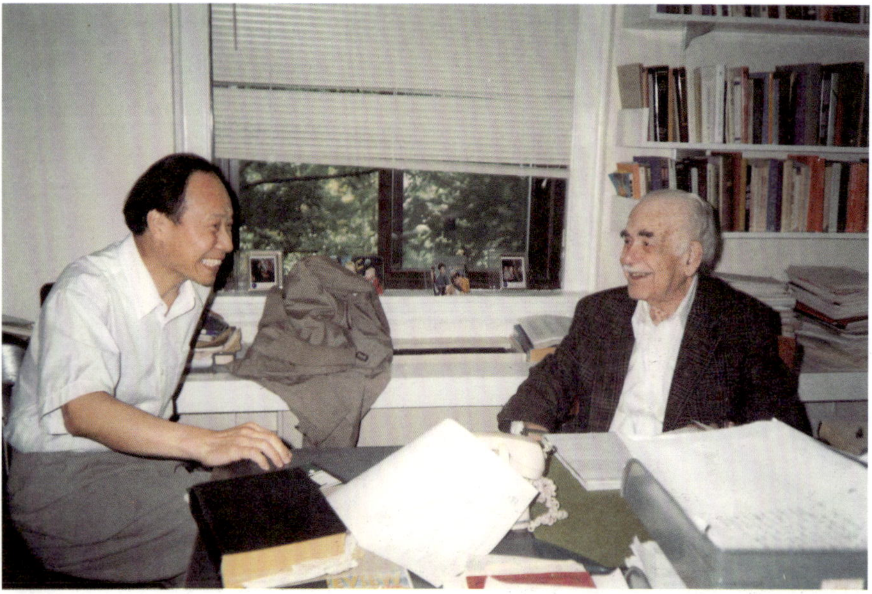

1998 年 6 月，在哈佛大学费正清中国研究中心拜访史华慈教授

1999 年 10 月，与二哥郭齐家先生一道出席纪念孔子诞辰 2550 周年大会开幕式

1999 年，在武汉大学主持郭店楚简国际学术研讨会，杜维明（居中）、李学勤（右一）先生为报告人

2001 年 5 月，在巴黎访问法兰西学院时与谢和耐院士的合影

2001 年 5 月，在德国莱比锡大学讲学后与汉学家莫里兹（毛来福，左一）、郭嘉碧（左三）合影

2002 年 11 月，在佛光山与星云大师（居中）等人合影

2003 年 6 月，在日本东北大学与中嶋隆藏（前排居中）教授等人合影

2003 年 6 月，在日本关西大学讲学

2004 年 5 月，在武汉大学与葛兆光（左一）、杨国荣（左二）、周积明（左三）等友人合影

2018 年，在学校毕业典礼上，与博士生刘依平合影

2019 年 10 月，在法国巴黎作主旨报告

守先待后为铸魂

——郭齐勇先生《国学与国魂》读后

摆在读者面前的这部《国学与国魂》，是郭齐勇先生近30年发表的30余篇文章的结集，其中，既有贴近时代、议论风生的随笔杂感，也有对症下药、擘肌分理的学术论文，虽非一时一地之作，但大旨皆不离国学与传统文化。郭先生称此书收入的乃是“文化守望方面的杂感”，而作为读者和晚辈的我，却从中看到了作者在国学研究与弘扬之路上的一长串艰辛跋涉的脚印。

正如书名所昭示的，郭先生此书，分明就是一部“铸魂”之书。所“铸”者何“魂”？盖文化之魂、国学之魂、民族之魂也。郭先生雅爱用一词，曰守先待后。他说：

> 我所从事的中国哲学的教学和研究，以及十多年的生存体验，使我感到我的根本责任在“守”。守住民族精神的根本，守住知识分子的气节、操守、良知，守住做人和为学的本分，守住老一辈学问家和哲学家严谨、正直的为人为学之道，守住先圣先贤的绝学，在守之中争取有所创获，以待来贤，以俟解人，或许正是社会、历史、民族、文化赋予我等的使命。不同的思潮、不同的价值取向、不同的声音、不同的职责、不同的学术宗主，有一个生态的关系，可

以互补互渗，不必相互排斥。(《守先待后：世纪之交的文化遐想》)

窃以为，“守先待后”正是郭先生一以贯之的学术理想和价值担当。守先，是待后之基础，不能守先，则待后必无所归依；待后，是守先之方向，不能待后，则守先亦无着落矣。故郭先生此书，亦可谓“守先待后为铸魂”也。

然而，真欲“守先待后”，又谈何容易！君不见，在“全球化”和“现代性”大潮之下，“传统”常常被冠以各种“恶谥”，早已成了“保守”“落后”“退步”“腐朽”的同义词；在现行的大学建制中，各种学科壁垒早已形成，人文社会学科相比自然科学和应用型学科在资源配置上长期处于劣势，乃一不争之事实；而在人文社科领域内，相比各种趋时应制的学问独领风骚，蔚为显学，治传统文化和古典学问者，尽管阵地仍在，人才亦夥，但总体上看仍显得边缘和寥落。凡此种种，不一而足。

不过，也正因为如此，本书作者数十年如一日的不懈努力，才更加令人动容和钦敬。本书篇幅虽不大，然涉及议题甚多，包罗甚广，举凡国学之内涵与外延，儒释道三教之会通，古圣先贤如孔、孟、墨、阳明、船山等的思想研究，儒家亲情伦理之现代阐释，儒学公平正义观之研判，守成创新与中西文明对话，书院文化之传承与发展，国学教育与人文化成之思考等，无不念兹在兹，反复论列。就我狭见所及，在当今大陆学术界，像郭先生这样对古今、中西、家国、公私、知行、学道等诸多“大哉问”，抱持深广忧思且不遗余力予以掘发和弘扬者，不能说绝无仅有，至少也是极为少有的。夫子曰：“人能弘道，非道弘人。”在郭先生身上，体现的正是“知其不可而为之”的弘道精神和贤者气象，诚不愧其名字中那一个“勇”字！

我所认识的郭齐勇先生，既是一位名满天下、著作等身的学者，又是一位心忧天下、居仁由义的儒者。读其书，开卷有益，每能建顿开茅塞、化性起伪之功；交其人，如沐春风，常可收倾盖如故、廉顽立懦之效。当今之世，做书斋中之学者易，为知行合一之儒者难。而郭先生恰能执其两端，善为折中，为学为人，皆能黾勉而行，树立楷模。尤其是郭先生筚路蓝缕创办的武汉大学国学院，对于新世纪以来的国学研究和学术发展，实有引领风气、振衰起敝之功——环顾海内，像郭先生这样既有学术，又有事功的学者，真可谓“多乎哉？不多也”。

如今提起“国学”二字，歧义甚多，褒贬不一。然“国学”之为物，本极质实而平易，最初不过是“国子学”的简称，西周时期盖指国家贵族子弟受教育之学校，汉代则称“太学”，西晋以后历代皆设“国学”，隋时改称“国子监”，一直延续至清代。此“国学”之第一义。至晚清西方列强入侵，国力日衰，又加西学东渐，所谓“文明冲突”加剧，始有“国学”作为学术之第二义出现，彼时“国学”“国粹”“国故”诸名目进入人们视野，大抵相当于“中学为体，西学为用”之“中学”，以致有“国学乃国将不国之学”等说法。时至今日，国学因与政治、教育、商业、文化等方面的各种诉求挂钩，其本来面目及价值内涵已经逐渐稀释，以至于在某些惯会批评的人物眼里，“国学”早已成了钱锺书先生所谓的“朝市之显学，必成俗学”了。不得不承认，这在某种程度上确乎是一个尴尬的事实。我们看到，国学因有一“国”字，的确容易被商人拿去作为牟利敛财的手段，或被江湖术士和“野生国师”篡改成为“羊质”外面斑斓的“虎皮”……职是之故，对于一些“爱惜羽毛”的学者而言，似乎一向是羞于以“国学”

相标榜的，更别提全力以赴去研究了。

但在郭先生这里，却并无上述朱紫相夺、准的无依之况。在他眼里，“所谓‘国学’，乃中国传统文化的通称”；“国学不仅仅指一般的传统学术，如经史子集之学、考据训诂辞章之学等，更是指其中所蕴含的文化价值与民族精神”。这一判断就十分严正而通达，近乎程子所说的“廓然大公，物来顺应”。不仅如此，郭先生还从顾炎武的“亡国”与“亡天下”之辨入手，强调“国”乃一时之政统，而“天下”则是恒久之道统，“天下”重于“国家”，国学乃是“天下”之核心，它超越了具体时空之政制、治统。经此梳理，可以说“激活”了“国学”的内在灵魂，使其更具终极价值和形上维度。

针对有人把国学等同于儒学或汉学的观点，郭先生则反驳如下：

> 我们不能把国学狭隘化。第一方面，国学不只是汉民族的学术文化，它包含了历史上少数民族的语言、文字、学术文化及其与汉民族的交流史；第二方面，国学不只是上层精英传统，还包括小传统，如民间民俗文化，各时段各地域各民族的传说、音乐、歌舞、技艺、建筑、服饰、礼仪、风俗、宗族、契约、行会、民间组织等，如今天的某些物质与非物质文化遗产；第三方面，国学还包括历史上中外地域文明的交融，如外域文明的传入、西域学、佛学及其中国化、西学东渐与中学西传的内容与历史过程等，都属于国学的范围。当然，我们必须明了，国学、经史子集等，并不是汉族的专利，其中包含、汇聚了历史上多民族的智慧与文化，是中华各民族共同创造的、共同拥有的文化精神资源。（《国学就

是儒学、汉学吗？》)

准此思路，则儒学只是国学的一部分，而以“饾饤枝节，缺少内在精魂”为特点的海外汉学研究，“与国学完全是可以不相干的”。换言之，如果不能对国学怀抱钱穆先生所谓“温情与敬意”，陈寅恪先生所谓“一方面吸收输入外来之学说，一方面不忘本来民族之地位”，其实很难真正升堂入室，得窥国学之堂奥。郭先生进而指出：“国学的最高层面是国魂，即中华民族的主要精神的方面，那是中国人之所以为中国人、中国文化之所以为中国文化的根本特质处。”正因有此一种宏通开阔之视野，故郭先生常能抓住因应时代关切的大问题来做文章，而且高屋建瓴，要言不烦，不偏不倚，每能在看似不经意处给人以启迪。

以上所述，是郭先生对“国学”概念之内涵及外延的厘定和阐发，对于很多似是而非的国学认知，不仅有切中肯綮的批评与矫正，也有别开生面的推明与廓清。而今而后，笼罩在“国学”二字之上的诸多迷雾和荆棘，庶几可以消矣！

就我个人粗浅的印象，郭先生为人为文，通达明白，不加藻饰，不求艰深，不弄玄虚，其文风与其人格，正相表里，朴实无华，始终如一。郭先生的中国哲学研究取精用宏，气象雍容，既注重经典研习，涵化会通，又不离道德存养，躬行践履，体现了“道问学”与“尊德性”的和谐统一。其学问根柢在儒学，但又大而能化，并不排斥佛、道二教与西方文化，甚至对儒学以及其他学说的初始信仰极为警惕，对那种盲目排外的“义和团”心态更是深闭固拒，坚决反对。

新世纪以来，颇有一种复古主义的思潮，表现为立足“中学”的排外倾向，甚至对“五四”以来的“德先生”与“赛先生”亦一概拒斥。对此，郭先生说：

> 今天，民主政治架构是唯一可以保障知识分子的地位与尊严的制度架构，有此才有政治、教育、学术的独立，言路的通畅，自由人格的伸张，才能促进知识分子在社会上全面发挥其积极作用。（《再论儒家的政治哲学及其正义论》）

换言之，民主政治作为一种“最不坏的制度”，其对于一般知识人的参政议政、建言献策、进德修业甚至安身立命，都是具有基础价值和底线意义的。郭先生说：“一个真正的儒家从来不是一个权威政治的阿附者，儒家的正义价值和善是在一起的。”唯有如此，一个现代知识人方能实现真正的“精神安立”。

读者如果稍加留意，还会发现，本书作者无论在学术研究上，还是在理论实践上，都是充满行动力和执行力的，庶几做到了知行合一、体用一如。他说：

> 儒家学者要眼中有民，努力到民间去弘扬儒学，把会议儒学、书本儒学转化为民间儒学、生命儒学。（《试谈儒学的创造性转化》）
>
> 当代儒者一定不能把儒学停留在书斋、讲堂和会议厅内，而应当适应现代生活的发展，做艰苦的、多方面的工作，使之扎根于民间，返回到民间。在我国儒学史上，从汉唐五经的传统到宋明四书的传统的转移，就是文化下移的成功典范。今天亦需要做类似的努力。（《从孔学的“人论”看儒学的现代发展》）

一边是繁重的教书育人、行政科研工作，另一边是四处奔走的传道弘道、广结善缘，郭先生似乎早已将两者打通无碍，乐此不疲，在他周围，俨然形成了一个“近者悦，远者来”的学术文化磁场，其主编的多个刊物、数种大型丛书就是证明。我注意到，郭先生年轻时，就是一位见贤思齐、转益多师的求学者，而在他晚年，又能博施济众，奖掖后进。无论是早年向前辈们当面请益，还是晚年与后生晚辈的切磋晤谈，郭先生总是笑得那么灿烂，让人不由自主地也想笑起来。我所尊敬的另一位当代儒者张新民先生曾对我说，郭先生修为日进，越来越“一团和气”。近些年，不少饱学硕儒纷纷凋零，而郭先生每能在第一时间撰文纪念，表达哀思，寄托深情，这样的愿力和使命感，说时容易做时难，实来自根深立定的学术生命深处，其感人之深，化人之渐，诚非言语所能道。

不过，千万莫以为郭先生只是“一团和气”，在大是大非面前，他又是守死善道、辩才无碍、寸土必争的。我想特别提醒读者，本书中《如何解读孔孟的亲情伦理？》一文大可注意。这篇文章凸显出来的，乃是必将写入当代学术史的思想论战的“冰山一角”。这场先后持续十余年的关于“亲亲互隐”和儒家伦理的学术争鸣，无论从规模、时长来看，还是从程度、影响来看，都不亚于20世纪20年代的“科玄论战”，以及20世纪50年代港台新儒家（牟宗三、徐复观）与自由主义者（殷海光、张佛泉）之间的思想论战。谓予不信，可参看论战双方出版的多部论文集（此不赘述）。然而，恕我直言，这么一场旷日持久的论战所折射出来的当代学术“基本盘”，又着实是让人感到震惊和悲哀的。孔孟儒家“亲亲互隐”的伦理和法理的双重正当性和现代普适性，本是根本无须争论的一个人类文明的“普遍公理”。持“大义灭亲”论者，尽管标榜西化和先进，却始终未能走出其成长期中人为设置的“信息茧房”。他们一直不曾明白，“条条大路通罗马”，其所标榜的“现代性”绝不是一个以“中西”来分判的空间概念，而是一个纵贯人类文明“古今轴”的不断向前的大方向。当治传统文化者通过苦读古代经典，已经找到与西方乃至整个人类文明接榫的“密码”和“通道”时，“西化论”者却还在新文化运动划定的反传统的“舒适区”原地打转，甚至连“五四”诸贤都未曾否定的古老伦理，在他们那里也沦为“必欲除之而后快”的封建糟粕了。对此，郭先生不无沉痛地说：

> 我与同道之所以要驳斥这些谬论，是因为这关系到如何解读古代思想史资料的问题。五四运动以来，尤其是“文革”以来，有很多人戴着有色眼镜，习惯于大批判的非此即彼的套路，已不能读懂古书。(《如何解读孔孟的亲情伦理？》)

一句“已不能读懂古书”，真是入木三分！究竟是从什么时候起，中国人已经读不懂中国古书了呢？我想差不多也就是新文化运动之后吧！对“五四”诸贤而言，阳明所谓“抛却自家无尽藏，沿门持钵效贫儿”还是适用的，毕竟他们国学功底深厚，尚有“抛却”的可能；而对于今天一班“食洋不化”却“拒不食古”的“新青年”“新中年”和“新老年”们来说，此语则显然不适用，因为他们压根儿不晓得“自家”也有“无尽藏”，这时如果碰巧端上了“西学”的饭碗，恐怕只能是“汉儿尽作胡儿语，却向城头骂汉人”了。我常戏称这样的人是“转基因的中国人”。这类人自古就有，只是“于今为烈”罢了。所以，尽管这场论战对于懵懂的当代人而言，依旧具有“常识重启”的价值，甚至直接影响到具体法律条文的修改。(按:2012年3月14日,第十一届全国人民代表大会第五次会议通过了《中华人民共和国刑事诉讼法》的修改案,其中增加了这样的规定:“经人民法院通知,证人没有正当理由不出庭作证的,人民法院可以强制其到庭,但是被告人的配偶、父母、子女除外。”)于郭先生而言,论战的胜利似乎并不能让他彻底释然,毕竟许多宝贵的时间和精力就这样被“透支”了。当然,对如我这样的读者来说,收获还是很大的,郭先生的驳论文章读起来酣畅淋漓,从中可以看出他的善于持论和精于思辨。真正的儒者在文章学上,难免要做两手准备:一方面要向孔子学习“辞达”,另一方面又不得不继承孟子辟杨墨时的果决和雄辩:“予岂好辩哉?予不得已也。”

最后我想说的是,我是在壬寅暮春上海封城的“禁闭”中阅读此书的电子稿的。在一个多月时断时续的阅读中,不知为什么,我心中常感到的是一种隐隐的痛!这种痛不仅来自这个因为奥密克戎肆虐而越发怪异甚至诡异的世界,更来自此书中写于世纪之交的20年间的诸多文章弥漫出来的基本“调性”。郭先生一向勤于笔耕,这些发表在不同报刊上的文章,字里行间洋溢着的是一种挥之不去的家国情怀,有些文章已经溢出了学术的论域,而表现出一种政论和时评的气质,那份“不得不说”的冲动和“聊尽言责”的赤诚,尤其令疫中苦吟的我感伤和低徊。明眼人应该不难看出,对于今天的读书人来说,一个新的“哈姆雷特之问”已经发出:是“危言危行”,还是“危行言孙”?这是一个问题。

让我备感惶恐的是,郭先生在邮件中告知“国学三书”即将付梓的消息后,竟又宕开一笔,嘱我这个才疏学浅的晚辈为《国学与国魂》一书写序。这对我而言,几乎可以用“惊吓”来形容了。我于郭先生,一向执弟子礼,虽未及门,而自诩私淑,小子何物，而敢狗尾续貂、佛头着粪？然转念一想，郭先生一向言行谨重，耳提面命，必有理由，或许正欲借此机会，鞭策敦促，有以教我，亦未可知。遂斗胆应命，敢冒天下之大不韪，率尔操觚，信笔由缰，拉杂写出此文，汗颜之下，一时竟不知所云。覆瓿之作，岂敢言序，权当交一篇滥竽充数的作业，以向先生请益。若能忝附骥尾，借证学缘——“不敢请耳，固所愿也”。

刘　强

2022 年 5 月 1 日完稿于浦东守中斋

目　录

王船山思想的内在张力及其思考模式的当代意义

光芒烛天，芳菲匝地。衡岳钟灵，昭苏寰宇。近世以降，伴随着我国近代化和现代化的曲折征程，船山之学启迪了数代不同思潮的思想家和学者——由曾国藩、郭嵩焘，而谭嗣同、梁启超、章太炎，而毛泽东、侯外庐，而熊十力、贺麟、唐君毅，等等。所以然者何？根本原因乃在于船山学为人们提供了与时代走向既相契接又相排拒的思想资源。因而我们不能对淹博如海的船山学术思想作维度单一的诠释，否则无法解释何以不同流派的学人——洋务派、自由主义者、文化保守主义者和马克思主义者，都能从中找到各自所需的“文本”。

哲学史、思想史上真正值得称道和反哺的，并不是某位哲学家是否有，或者我们是否愿意为他建构一个自足圆满、严整如一、无懈可击的理论体系。恰恰相反，真正重要的是这位哲学家思想内在的深刻的矛盾、冲突与紧张，以及他为解决这些矛盾提出的具有创造性、启发性的问题、构想、论证方法、致思模型，等等。王船山的睿智所昭示给来者的亦是如此。

船山有“心有两端之用，而必合于一致”“理虽一贯，而显立两纲”的模型。这一范式多少反映了他的痛苦、焦虑和解决价值冲突的愿望。彼此存在着张力的“两端”或“两纲”：一方是体，一方是用；一方是道或理，一方是器或气；一方是证体的内圣学，一方是达用的外王学；一方是对神性意义的天的敬畏、虔诚，一方是对生机勃勃的人的尊重、依恃；一方是终极的关怀、道德的理想，一方是见体、实践的功夫；一方是内在的主观的道德修养，一方是外在的客观的发用流行；一方是精神的主体与本体，一方是客体的人文世界；一方是价值理性，一方是工具理性。

船山基本上沿袭程朱的路数，他所不满意于程朱陆王的，并不是儒家道德的至上性、普遍性和理想性，而是将其变为僵死的教条或浮游无根的空谈，缺乏“观乎人文，以化成天下”的客观面建构。但是，在体用、道器、理气、理势、理欲诸关系的探讨中，船山学从“气”学的，亦即殊相的理路上给宋明道学撕开了裂口；但他又深感不安，屡屡声言不能以殊相为本，不能离开儒家价值的大本与达道。

于是，这就给我们提出了以多维的、至少是两维的参照系诠释船山的要求，同时又为我们对船山学的近代转换或现代意义的发掘提供了不同的视角。

其一，我们可以从近代思想启蒙的维度来理解和发挥船山学。船山提出“天下惟器”“道者器之道”“道在器中”，“理依于气”“气在见理”，“势以成理”“势之必然处见理”“势之顺者即理之当然”，“人欲之各得，即天理之大同”“随处见人欲，即随处见天理”“天理寓于人欲”诸论，其本体哲学、文化哲学、道德哲学、政治哲学、历史哲学均流露出了清新的气息。熊十力亦总结为：“尊生以箴寂灭，明有以反空无，主动以起颓废，率性以一情欲。”船山要肯定实事实功，不能不在一定程度上对“力”“势”“利”“欲”“才”“知”等的人的需求、人的能力和客观力量加以肯定，对“器”“生”“有”“动”“情”加以推重。这实际上是在一定程度上对个体性和殊相的肯定，是“气”学所异于“理”学又有别于“心”学的展开。

在价值信念上，船山思想的“躁动”，蕴含着某种突破传统禁锢的冲力。不管怎么说，尽管船山还不自觉，但对个体的情感、爱欲、才智、求利、致富、力量、权益，甚至在一定程度上对“私”之合理性的肯定，在逻辑上必然上升为对维护自然经济秩序的“道”“理”等整体性、共相的裂解或削弱。在这里，船山哲学所具有的某种批判性和启蒙意义是显而易见的。这可以启发我们思考，我们究竟如何为商品生产、市场经济的发展奠定某种哲学前提。其中关涉的一个重要问题，是如何对“殊相”和“个体性”原则予以重新定位。

其二，我们又可以从现代与后现代之价值重构的维度来理解和发挥船山学。相对而言，船山重视存在界（经验界、实然界），但本质上他更加看重道德界（价值界、当然界），以及两界的贯通。他又有许多前引命题的反命题，如“形器必统于道”“理外亦不能成其气”“理当然而然则成乎势矣”“欲以理为体”“变不失其常”等。他非常重视和强调“义理之性”对“气质之性”的主宰和统御。他更有一系列的合命题，即体用、道器、理气、心物、理势、理欲、物我、知行、常变、有无、动静的相互为体、相资互用、相辅相成、并进而有功。尽管在论述的不同场合，他对道器、理气等不同侧面有偏重之不同，且更多的时候表达了理本物用、心本物用、知主行从的思路，尽管其“合一而兼两（用两）”“两端而一致”的模型并不能掩盖其哲学思想的内在矛盾，但是船山毕竟提出了一个涵容性较大的模型。如果我们扬弃其“道一”“理一”中的某些时代与阶级局限性，则完全可以转化成现代生活的终极寄托、道德理性，面对金钱、权力拜物教，重建人文价值，解决意义的危机、形上的迷失、存在的惶惑和精神自我、精神家园的失落等问题。

特别值得指出的是，船山“乾坤并建”的理路，较之现代新儒家“乾元性海”“乾元统天”的理路，更具有现代性。按“并建”模型，不会把“才”“知”“爱”“欲”的主体与道德主体对立起来，或者把知性作为“本心”“良知”的“坎陷”或“转出”，而是把认知或科技理性与道德理性、仁与智、道德与实业、实然与当然、事实与价值、情感与理性、现实与理想、内在与超越、道义与时势、理与欲、竞争与互助、义与利、一与多、主体与客体等“两行之理”的互动统一，提到更高的层面，来解决商业伦理、职业道德、现代管理乃至人的安身立命的问题，克服并调节整个社会经济秩序和道德秩序的无序状态，促进适合市场经济的共相与殊相、整体性与个体性的整合。这是冲突中的调适和整合，非常复杂，有许多中间环节。

顾、黄、王的理路或与事功派陈、叶的理路并不相同，但“经世致用”“开外王”“义利双行”“乾坤并建”，必然有利于松动、活化个体生命，扩大个体活动场所，或者可以找到个性解放的起点。当然，“乾坤并建”模式并不能超越历史，也开不出新的商业精神或新的“外王”（因为新的“外王”不是思想，也不是逻辑），但不管怎么说，这一理路对挖掘维系中华民族生命的道德资源，活化、拓展民族生命的客观实有层面，仍然是有益的。

总之，王船山哲学的内在张力、价值冲突是深刻的，他为解决这一矛盾所设计的思考模式似乎可以随时代需求而做出转换。船山哲学的生命并未终结。

（原载《船山学刊》1993 年 4 月总第 19 期）

国学与国魂

国学不仅仅指一般的传统学术，如经史子集之学、考据训诂辞章之学等，更是指其中所蕴含的文化价值与民族精神。“国学”这一概念从20世纪初被章太炎等人提出之时起，就含有振兴民族精神和弘扬中国文化的道德理性与人文传统，以此来批判或救治整个世界的西化、工业化与商业化的弊病之意。可见，“国学”不仅仅是“学问”或“学术”的概念，更是“民族性”与“民族魂”的概念。这两者是有密切关联的。国粹派所谓“学亡则亡国，国亡则亡族”，即是主张通过保文化学术来救国家民族。但中国古代文人还有一个说法，就是区别“亡国”与“亡天下”。“国”是一时之政统，而“天下”则是恒久之道统，涵盖了中华文化的神髓。相比之下，“天下”重于“国家”。从这个意义上说，国学是“天下”之核心，它超越了具体时空之政制、治统。

外国人研究汉学与本国人研究国学，具有很大区别，不可等量齐观。外国人重视饾饤枝节而忽略内蕴精神，他们视汉学为纯客观对象；而本国人对国学必然投入主观情感，怀抱温情与敬意，并且身体力行，将其作为立身立国之本。在新世纪之交，人们再倡国学、重建国学，我看有五层意义。

第一是知识层面。在数十年隔阂、两三代人不知经史子集为何物，甚至是数典忘祖的背景下，特别是商业性的媚俗“文化”铺天盖地般冲击之下，对国民特别是青少年进行国学ABC的教育已是十分紧迫的事情。

第二是学术层面。随着国学大师们的相继去世，学术失传，学统不彰，分门别类、微观精深的研究亟待继承与抢救。这正是各研究机构与高等院校的导师们所做的“继绝学”的工作。新近有不少民间机构、同人刊物专力于国学研究，实是国学振兴的希望之光。“道欲通方而业须专一”，搞学问就是要讲精专，要坐冷板凳，远离车马喧腾的俗情世界。

第三是道德价值与人生追求的层面。国学根本上是教人如何做人，如何安身立命。道德危机与价值失序在今天已是不争的事实。一代一代人风的颓败最终将导致民族素质的弱化和民族性的消解。提倡国学，主要是提倡对理想人格的追求，克服工具理性的片面膨胀所导致的人文精神的失落。

第四是终极关怀的层面。一个人、一个族类必然有终极的信念、信仰，它超越了世俗人伦的实践意义。中国儒家的“天”“天命”“天道”，以及其对这种终极真实的主体性体认，是儒者在精神上超越俗世的真正根据。儒家由宗教性的超越的肯定而发展出宗教与道德相结合的超越的肯定，即肯定人本乎自己的（又是天赋的）心性、从事道德实践的功夫，而可以知天、事天、上达于天（到达一究极的、为天所知的境界）。这些精神资源在当代仍有价值，可以救治现代人“上不在天，下不在地，外不在人，内不在己”的荒谬处境。

第五是国魂与族魂的层面。提倡国学与吸纳西学并不矛盾，这一点从 20 世纪著名的国学大师章太炎、梁启超、王国维、陈寅恪、马一浮、汤用彤等人身上都可以反映出来。重铸新的国魂与族魂自然离不开真正的中西精英文化神髓的融合，正所谓“外之既不后于世界之思潮，内之仍弗失固有之血脉”（鲁迅语），“一方面吸收输入外来之学说，一方面不忘本来民族之地位”（陈寅恪语）。任何民族的现代化都不可能是无本无根的现代化。国学是本，“本立而道生”。国学不仅是建设与开拓现代化的重要的精神资源，而且还是反思和批判现代化（之负面性）的重要精神资源。对于“现代化不等于西化”这一真命题，人们往往习惯于从政治和经济生活的层面加以肯认或否证。其实这一命题的意蕴超出了这些层面，包孕有个体与族类的文化心理、生命意识和终极托附的意义。失去民族己性与民族个性的现代化，绝对不是成功的现代化。又有人从意识形态的视角立论，对提倡国学者扣上“国粹派”“复古”的帽子。事实上，提倡者的视角早已转换，而挞伐者仍有“文革”遗风，不懂健康社会的价值多元化。

国魂与族魂的重铸显然是建立在扬弃传统国学的基础上的。它是国民与族类的心结，系之于情感，诉之以理性，超乎于意识形态。

（原载《文汇报》1994 年 10 月 23 日学术版）

从孔学的“人论”看儒学的现代发展

孔子儒家之道，涵盖面非常之广，可供我们做创造性诠释的内容非常之多。围绕“人”的问题，儒家有人天论、人性论、人文论、人伦论、人格修养论、人生价值论，如此等等。

儒学涵盖天、地、人、我协调发展的理论，这些理论不仅有助于保护人类生存的生态环境，而且在科技、商业文明飞速发展的今天，在其负面影响愈来愈显露的时候，有助于解决人的精神安顿与终极关怀的问题。在人必言利、人心浮躁、人文沉沦、人际关系紧张、人的性情单面化、人的生活品质下降的氛围中，人们对生命的意义与死亡的意义的探索，将变得愈来愈重要。

儒家的生命意识和人生态度根源于天地宇宙。儒家的终极关怀具有天命根据与冥悟体认的宗教性格。“天”“天命”“天道”是宇宙万物、人类生命的本源，是生命意义与价值的源头，是儒者彻悟生死和在精神上超越俗世、超越死亡的根据。儒者在对世间的肯定与关怀之中仍有其超越的、形而上的要求，即终极的、最后的关怀。儒者“以天下为己任”的信念目标和献身救世的热忱，尤其是至诚无息、虔敬无欺的神圣感，尽心知性、存心养性、“夭寿不贰，修身以俟之”的安身立命之道，都表明了他们的宗教品格。儒者的使命感、责任感、担当意识、忧患心态和力行实践的精神，特别是信仰、信念上的终极承担，有其超越的理据。这一理据贯穿并积淀在人的心性中。儒者的“天命论”和“心性论”是十分宝贵的思想资源，具有永恒的价值，值得我们反复发掘。

现代社会是人与天、地、人、我日益疏离的社会。人们生存的荒谬处境是“上不在天，下不在地，外不在人，内不在己”。生活的无意义感笼罩着新生的一代。他们面对的是无信仰、无信念、无本无根的人生。在人文淡薄、道德沉沦的世界性氛围中，人们的心灵缺乏滋养，人们的生命缺乏寄托。而现代化的科技文明并不能代替现代人思考生命与死亡等的意义和价值问题。借助人类古老文明的精华，提高现代人生活的品质与人格的境界，促进社会有序、健康发展，是十分重大的现实问题。

20 世纪，中国教育的一个惨痛教训，就是抛弃了传统人文教育的优良传统，使受教育者得不到人文精神的熏陶。实际上，没有良好的人文环境，就不可能孕育出在素质上能够托起中国未来现代化的代代新人。一个世纪的片面反传统，毁谤、抛弃了传统精英文化，以致今天为人父母、为人祖父母者，已不复知晓孔孟老庄程朱陆王。我们这个渊源有自、历史悠久的文明古国，在近世欧风美雨的冲刷和刺激之下，如此背离、疏淡、践踏民族传统文化精神价值，在全世界的现代化进程中都是一个例外。

儒学，特别是它的形上本体论、“仁”与“诚”的宇宙观、心性论、人伦关系论、理想人格论、身心修养论、人生价值论等，是我们走向 21 世纪的重要精神依据。它可以开阔我们的精神空间，避免价值的单元化和平面化，避免现代化所预设的价值目标的片面性和负面性，避免批判工具理性的恶性膨胀。儒学的安身立命之道可以丰富我们的人生，完善我们的人格，活化性灵，解脱烦恼，缓冲内心的紧张，超越生死的系缚和对功名利禄的执着，复活人文理想的追求，使人真正过着人的生活。儒家精神对 21 世纪社会与人生之阴暗面的治疗和拯救，肯定会起到愈来愈大的作用。

儒学是我们民族精神的主干。儒学在今天的创造性转化中将有助于促进自然、社会、人生、人心协调和谐发展，救治民族及人类素质的贫弱化和帮助民族本己性的消解。一个人，一个民族，必然有自己的精神根源与根据，必然有自己终极的信念、信仰。任何民族成功的现代化，必然是而且主要是在本民族的思想资源的滋养下成功的。这样的现代化才不至于是无本无根的现代化。

儒学资源是21世纪中国乃至世界的重要精神食粮。儒学的生命力何在呢？在现代社会，儒学的生命将挂搭在何处呢？有三种看法。第一种看法认为，儒学端赖政府的提倡和支持；第二种看法认为，儒学的弘扬需依靠官、学、商的巧妙结合；第三种看法认为，儒学的真生命在民间。

儒学，从它诞生时起，就是平民之学，是学在官府下移为学在民间、贵族学术向平民学术转化的产物。儒学具有平民的性格。真正的儒者（当然不是指小人儒和乡愿），代表着社会的良知，担当着社会的道义。几千年来，道统、学统、政统、治统之间，德与位之间，道与势之间，天爵与人爵之间，是有张力的、相互制约的。从汉的清流到明的东林，再到清末公车上书，均体现了这一精神。一个健康的社会，总是需要理想和理性主义者对现实生活的阴暗面提出批判。这正是平民儒的本色。

儒学在宋明时期得到发展的一个基础、一个依托，就是民间书院的兴盛。随着我国工商现代化的发展，民间书院、民间研究所、同人刊物的兴盛已成为必然的趋势。而整个社会和众多个体对儒学的需要将愈来愈广泛。那种认为农业文明、耕读传家社会解体之后，儒学已成为历史的陈迹的看法是不对的。实际上，现代社会“人的问题”的凸显，昭示儒学具有超越时空的强大生命力。

当代儒者一定不能把儒学停留在书斋、讲堂和会议厅内，而应当适应现代生活的发展，做艰苦的、多方面的工作，使之扎根于民间，返回到民间。在我国儒学史上，从汉唐五经的传统到宋明四书的传统的转移，就是文化下移的成功典范。今天亦需要做类似的努力。

真正的儒者，绝不是口头上说说而已。儒学是身心性命之学，是力行实践之学，是生命的学问。儒学在现代社会的命运，还取决于它的载体——民间的文化团体和知识精英自身的节操、人格、品行和修身的自觉性。儒学的提倡者首先应要求自己做一个真正的人。儒学根本上是做人之学，它所关心的既是人类永恒的课题，又是每一个个体必须身体力行的生活。实际上，我们多数知识分子（包括一些提倡新道家的人）的行为方式和深层价值观念仍然是儒学的。我深信，通过几代知识分子的艰苦努力，儒学精神的现代转化一定会取得成功。

（此文据1994年秋在北京国际儒联大会上的演讲稿整理，原载《开放时代》1995年3、4月号）

现代化需要佛教，佛教需要现代化

——香港“佛教的现代挑战”国际会议有感

佛教作为世界诸精神资源中之一种宝贵资源，面对现代化挑战，必有应对之法。出席这次盛会使我对佛教的“现代化”与“化现代”有了进一步的体悟。

首先，现代化需要佛教。不仅佛教面临现代化的挑战，而且现代化也面临着包括佛教在内的人类久远以来的各种道德、宗教及一切文化资源的挑战。无论就人的精神安立、终极关怀的层面来说，还是从社会世俗文明的层面来说，人类在21世纪必将更加需要借助与光大佛教的精神解脱之道，借助与光大禅之“平常心”，以及对贪、嗔、痴、慢、疑、恶见等的治疗。人之为人，不管如何“现代化”，如何驾驭现代文明的新工具，如何参与现实社会的各种活动，如何忙碌，总需要一种终极的信念、信仰之支撑，这是任何金钱或权力拜物教都无法取代的。正如霍韬晦会长一再指出的，西方化与现代化的负面影响日益显露，其单面性与平面化的弊端将愈来愈为人类所了解。因此，重新体验儒释道的精神价值，创造性地加以转化，使之作为当代社会生活参与者的重要精神资源，对中国乃至世界的现代化都有极其重大的意义。佛教可以开悟我们的心灵，解脱种种功利的系缚，自识真我，重建人的意义世界，再建崇高境界和理想人格，这是我们迈进新世纪的重大课题。

其次，佛教需要现代化。要更好地“化现代”，佛教自身也必须“现代化”。佛教在当今文化多元化的背景下，实际上在戒律修持上，在与工商社会的契合方面，都已经发生了种种变化。在这次会议上，与会的师友们广泛讨论了这一问题。一方面必须保持佛法及佛教徒的超凡性，提高其素质；另一方面又必须改革自身，更多地注重其入世性。圣俗关系在各国佛教的发展中是一个不断解决又不断产生的问题，因为时代在变。但“行小变而不失其大常”，如无所守、无所常，就不会有佛教的继续存在；如无所革、无所变，也不会有佛教的继续存在。儒家、道家也概莫能外。台湾学者在这次会议上报告的有关台湾佛教发展的诸成果及问题，颇令人深思。台湾佛教向社会、政治、经济、教育、文化各方面的渗入，其参与社会经济生活（包括企业管理）的各种方式，都值得借镜。我们今天讨论“人间佛教”的问题，实际上已超越太虚法师甚远。

总之，圣与俗、超凡与入世、解脱与参与、修行与事业、理想境界与事功利益，确乎是极难处理的两元。二者确实要互动，同时又必须有界限，如儒家的内圣与外王一样，既不是时间上的先后关系问题，又不是逻辑上的先后关系问题，说它们是“一体两面”，又很难加以语言上的界定。如此“两行之理”，“如人饮水，冷暖自知”，需要我们在实际生活中体验。中国佛教各宗派，特别是天台宗、华严宗与禅宗都一直在解决这些关系问题。佛教的当代发展，也必须解决此两方面的关系问题。

傅伟勋教授在他的论文的最后部分指出，香港法住学会是居士佛教在当代的典范。就佛教之“化现代”与“现代化”之契合而言，法住确实做出了可贵的尝试。法住学会所担当的文化使命，即在现代重释儒释道之精华，使之回到民间，回到现代。一方面佛教需要改革，另一方面改革需要佛教，这就是法住的实践和本次大会高僧大德及各位教授给我的启示。

（原载香港《法灯》1995 年 2 月号）

精神解脱与社会参与

——佛教的当代意义之蠡测

精神解脱与社会参与是人生诸层面中十分重要的两层。把这两层对立起来，或躲在精神蜗壳中修行，或忙于在生活表层上周旋，俱非正道。调剂两端，使之和谐统一，正是佛教对现代生活的贡献。

一、精神解脱靠“自悟”

佛教由小乘到大乘，解脱的目的和进路，逐渐由个人的解脱发展为众生的解脱，由个人烦恼的断除和对生死的了悟，扩大到普度众生，利他济世，帮助众生除去无明，解除痛苦，体证菩提，升华到究极的涅槃境界。这种“慈悲普度”的精神和“众生度尽，方证菩提，地狱未空，誓不成佛”的主张，为中国佛教所推重。

大乘佛学及其在中国的发展，不仅把个人解脱扩大到众生解脱，而且逐渐把来世解脱转化为当世解脱。大乘佛教面对现实世界，其宗教实践不脱离世间。禅宗以现实的人生置换虚幻的未来，创建了以现世的自我精神解脱为轴心的生命哲学。上求菩提，下化众生，关怀现世，接近并帮助人民，成为中国佛教的性格。

人问：“云何即得解脱？”马祖道一禅师曰：“一切法皆是佛法，诸法即是解脱，解脱者即是真如，诸法不出于真如。行住坐卧，悉是不思议用，不待时节。”（《马祖道一禅师广录》）慧海禅师曰：“本自无缚，不用求解，直用直行，是无等等。”又说：“用妙者，动寂俱妙；心真者，语默总真；会道者，行住坐卧是道。”（《顿悟入道要门论》）可见佛心本性具足，道不在外。人们只要化解执着，遂顺自然，护持真我，则行住坐卧，无一不是真如，无一不是解脱。“平常心是道”，“无造作，无是非，无取舍，无断常，无凡无圣”就是“平常心”。“平常心”即与众生现实日常生活相联系。保持这一自然的平常心，则“触类是道”。只是人们在日常生活中习于向外攀缘，使平常心受到“污染”或异化，丧失了自我。那么，返归平常，识得本真，就是解脱。解脱要靠自己，靠“自悟”。

寓出世于世间，在现实中求得解脱，正是中国佛教的特点。任继愈先生说：“运水搬柴，既然都是妙道，由此再进一步，事父事君又为什么不可以成为妙道呢。”[①] 佛学在中国不断与儒学合流，其精神解脱与社会参与不断互补互动，并未绝对对立起来。

二、佛教的社会参与

佛教的参与，遍及政治、经济、学术等社会人生的方方面面。直接的政治参与，典型的如两晋南北朝时期的高僧佛图澄、道安、鸠摩罗什、慧琳等人，都曾参与政治，有的成为“黑衣宰相”一类的人物。隋唐时天台宗智𫖮大师、法相宗玄奘大师都与当朝皇帝往来密切；华严宗法藏则更进一步，为武后称帝劝进，上殿讲

① 任继愈：《弘忍与禅宗》，载萧萐父、黄钊主编《“东山法门”与禅宗》，武汉出版社，1996 年，第 6 页。

经，为中宗、睿宗授戒，卷入政治甚深；禅宗大师神秀亦被武后及中宗尊为国师，神会禅师则以高龄开坛度僧，出售大量度牒，从经济上支持肃宗和郭子仪平定安史之乱。近世以降，如辛亥革命时期，汉阳归元寺僧众出让堂舍作为黄兴的指挥部，并与革命者并肩奋战，继之各地寺僧纷纷支持孙中山先生领导的革命；抗日战争中，无数爱国僧众积极投身救亡运动，其事迹可歌可泣！其中，太虚法师最为著名。他在辛亥革命前即联络革命党人朱执信等人从事秘密活动，其后参加反袁斗争。抗战军兴，太虚全力号召、组织佛教徒团结抗日，曾率团出访缅、印及南洋诸岛。

历史上中国佛教对中国社会生活的参与是非常广泛的。上述事例只是直接的政治参与的少数几例，而除了直接的政治参与之外，还有大量的间接的政治参与。隐遁山林，保持距离，影响民间知识分子和百姓，形成一种社会力量，无形中批评了弊政，亦是一种政治参与。政治参与又往往与经济参与相联系。寺院经济、丛林制度历来是中国古代经济生活的重要补充。“三武法难”从反面印证了佛教经济实力在当时的强大。

除了政治、经济参与之外，佛教在思想、学术、文学、艺术，乃至精神生活的内涵、品质、状态、方式等各方面参与渗透，以至于佛禅的心性论演变成儒教主脑，而对佛禅品格、境界的追求，则无处不在。在古代，佛教在上层士大夫和下层民众间普遍起到精神安立的作用，调节心理，稳定社会，在实际上参与了全部的社会生活，尤其是构成了精神生活和社会心理的主要内容。知识分子的参禅和下层百姓的拜佛就是其中的实例。

近代，太虚发动“人间佛教”革新运动，提倡教理革命、教制革命及教产革命，重视人生，适应现代生活，扩大参与面，倡导新式佛教事业（如办工厂、办医院等），兴办佛教教育，推行农禅生活、工禅生活。太虚强调了实践性、世间性，把中国佛教“寓出世于世间”“在现实中求得解脱”的特性发扬光大了。

三、治心与治世之统一

中国佛教反对割裂信仰与生活，把出世与入世、治心与治世统一了起来。宋僧契嵩说：“治心者不接于事，不接于事则善善恶恶之志不可得而用也；治世者宜接于事，宜接于事则赏善罚恶之礼不可不举也。其心既治，谓之情性真正，情性真正则与夫礼义所导而至之者不亦会乎？”（《镡津文集》卷八《寂子解》）这里表达了有为治世之儒教与无为治心之佛教的互补。治心之业，使人性情真正淳厚，自然有益于治世。宋代天台宗的智圆法师作《中庸子传》，进一步说明了儒学是修身之教（称之为外典），佛学是治心之教（称之为内典），正好互为表里，目的都是教化民众。若国不治、家不宁、身不安，释氏之教就失去了挂搭处。①

治心与治世的统一，是解脱与参与的统一。修齐治平的外王事业有赖于格致诚正的内圣修养功夫。儒家的内圣功夫和佛家的精神解脱有着内在的一致性。佛家，特别是禅的解脱，能使人除去外在物欲的系缚，超越现实生活的牵累，消解内在的紧张，化除生活中的痛苦与烦恼，获得精神上的最大自由，自识真我，与梵合一。佛家自有一套解脱的方法，如通过戒、定、慧的修炼，空去妄执，转出智慧，反省自身，安顿精神。

与道家相近，佛教智慧也用否定、遮拨的方法，破除人们对宇宙一切表层世界或似是而非的知识系统的执着，从而获得精神

---

① 赖永海：《佛学与儒学》，浙江人民出版社，1992 年，第 103—104 页。

上的自由、解脱。佛教启迪人们空掉一切外在的追逐、攀缘、偏执，破开自己的囚笼，直悟生命的本性、本真。迷与悟的问题是佛教解脱论的一个根本问题。佛教的全部理论就在于论证解脱的必要性、可能性，以及提供种种解脱的途径与方法。

佛教哲学以双遣对破等解构的方法来消解人们心灵上的执着，使人自知其限制，自虚其心，自空其说，以求容纳别人。如儒之“诚恕”、道之“齐物”一样，这不单单是个体修养身心的方法，也是现代社会群体共存互尊的必需。佛教让人们反观自己心灵的无明，对治一切贪、嗔、痴、慢、疑、恶见，开阔自己的心灵，从种种狭隘的偏见中超脱出来，使自己日进于高明之境，而不为无明所缚。禅宗教人“了生死”。生死能了，则一切外在的执着都可以放下，人们不再为自己的有限性而惶惑，参与社会活动过程中所遇到的一切心理上的紧张与不安都可以消解；人生的其他要求，如物质、名誉、权力、地位、感情、知识、学说、著作、成就、具体目标等，都可以放下。这样，有限的生命便进入到无限的境界。①

佛教的“返本归元”“明心见性”“自识本心”“见性成佛”之论及一整套修行的办法，都是要人们寻找心灵的归乡与故园，启发一种内在的自觉，培养一个伟大的人格。

禅宗主张不立文字，当下自识本心，强调自性是佛、平常即道，一旦见到自己的真性（本性）和本有心灵，人们就证悟了终极的实在并得到了菩提（智慧）。禅宗主张，在实际的人生中才有涅槃（自由），在涅槃中才有实际的人生。禅宗以创造性的生

---

① 霍韬晦:《行到水穷处，坐看云起时——佛教与禅的安身立命》,《中国文化》1992 年第 1 期。

活和自我觉悟的日常途径，来揭示人生的秘密，化平淡为神奇，寓神奇于平淡。禅宗以证悟自性后所流露出的本有悲心、智慧方便来济拔迷妄的众生，这就是“以出世的精神，做入世的事业”。因此，禅宗精神是入世的，又不为世俗观念所束缚。

佛家，特别是禅的真意，统一了解脱与参与，主张解脱不离社会参与，在社会参与中解脱。正如个体解脱与慈悲普度历来就是二元一体的那样，解脱与参与亦是二元一体的。

第一，各色人等带有不同的现实目的参与各种各样的、不同层次的社会活动，其中不可能没有负面的、黑暗的、卑琐的参与者与参与行为。为激浊扬清，高洁之士与现实保持一定距离，暂时从社会活动中解脱与超拔出来，这本身就是一种参与方式，即间接参与的方式、批判现实的方式。

第二，各种社会活动的参与者本身需要经过解脱的修养进路，才能更好地参与。在现实的参与活动中、在现代化的各种事业中参禅悟道，保持平常心，能使自己所从事的各种事业做得更好。在今天，“平常”已被异化，对功名利禄、升官发财、声色犬马的追逐被人视为“平常”，等级秩序的宰制、官场气息、官样文章、商人习气、功利需求、钱权交易被视为“正常”。种种人情世故的束缚，身份人格的定位，使人失落了真我。当今有所谓“四不新生活准则”的民谣：“大吃不大喝，收礼不收贿，喜新不厌旧，风流不下流。”这就证明“反常”被习惯了，“反常”变成了“常”。而人性中的“贞常”“平常”，已告沉沦。如听任下去，人们都为自己的蝇头小利打算、计较，掌权、贪污，施展影响、相互交易，甚至无廉耻到无以复加的地步，社会风气进一步边缘化、痞子化，这种参与者和参与行为愈多，则对人民愈有害。

第三，人之为人，不管如何积极参与现实社会的各种活动，总需要一种终极的信念、信仰的支撑。这是任何金钱拜物教、权力拜物教都无法取代的。对于终极实在的个体体认，是每个人在精神上超越生死、彻底解脱的真正根据。作为一个真正的人，总需要有深度的开悟，从三际中解脱出来，超越一切，包括生死的束缚，得到自在的体验。这样的人才有大智大勇面对一切的挑战与痛苦，实现安身立命。人有了终极承担或终极献身的精神，并且将其转化成人格，才能有高品质的社会参与。从这种意义上说，参与者都应当具备一定的宗教信念与宗教情感，能以出世的精神干入世的事业。

中国的儒家是一种入世的、人文的宗教，中国的佛家把出世与入世结合了起来。人人皆可以为尧舜，人人都可以成佛，是儒家和佛教的最高信仰。实际上，儒佛都在追求一种理想的、高尚的社会，而要形成这一理想的、高尚的社会，必先建立人们理想的、高尚的内心世界。儒家与禅宗尽管有很多差异，然其共同点都是培育理想的人格境界，使人们的人生实践带有中国式的宗教精神和宗教情怀。

儒家和禅宗既有不同的世间关怀、世间肯定，又有不同的超越且形而上的要求，即终极的、最后的关怀。其“救民于水火”的信念目标和“我不入地狱，谁入地狱”的献身救世热忱，虔敬无欺的神圣感，“尽心知性”“即心即佛”的安身立命之道，使命感、责任感、担当精神、忧患意识和力行实践的行为方式，特别是信念、信仰上的终极承担，都有其超越的理据。重新体验儒释道的精神价值，创造性地加以转化，使之作为当代社会生活参与者的重要精神资源，对我国现代化具有极其重大的意义。人的意义世界和价值世界的重建，再建崇高境界，再建理想人格，是我们迈进新世纪的重大课题。

在价值多元化的现代工商社会，人们比较强调多方面的社会参与，强调人权、公民义务，然而在人文淡薄、道德沉沦、现代化的负面影响日益显露的当今，单面性或平面化的参与，工具理性与个人主义的膨胀，已无法协调社会各方面的利益，无法促进社会有序和谐地发展，无法救治人的异化和诸多的社会病。无论就社会的完美发展而言，抑或就个体人格的健康发展而言，人们在 21 世纪都更加需要借助与光大佛家（特别是禅）的解脱之道。解脱是净化社会与人的必由之路。时时参与，时时解脱，在参与中不断解脱，在解脱中不断参与，才是正道。

（原载《江汉论坛》1995 年第 7 期）

21 世纪：根源性的追溯与人文学的振兴

回顾 20 世纪的思想史，在众多思潮流派中，文化保守主义是十分值得重视的流派。毋庸赘述，文化上的保守主义不是指社会政治上的保守主义，甚至其中不乏政治上的激进论者，例如章太炎就是代表。文化保守主义是反思现代性的一种国际文化现象，其代表人物推崇人文价值，批评现代化的负面影响，促进现代化的健康发展。英国和欧陆各国的文化保守主义对西方现代化起过补偏救弊的作用。在中国，一个多世纪以来，文化保守主义与自由主义、激进主义、民族主义、社会主义思潮是不可分离的整体，彼此相互作用，相互碰撞。国粹派的章太炎、刘师培、邓实、黄节等人，就曾深刻影响过自由主义者鲁迅、胡适等人。20 世纪初，除国粹派外，还有东西文化论战中的辜鸿铭、严复、林纾，《东方杂志》的杜亚泉、钱智修、陈嘉异，《甲寅》的章士钊等；再有“科玄论战”中的玄学派张君劢、张东荪、林宰平等人；再以后是学衡派的吴宓、柳诒徵、胡先骕、汤用彤、梅光迪等人；还有清华国学研究院派梁启超、王国维、陈寅恪等人；到广义的现代新儒家代表人物：梁漱溟、熊十力、马一浮、冯友兰、贺麟、方东美、钱穆、谢幼伟、陈大齐、陈荣捷、唐君毅、牟宗三、徐复观；一直到当代新儒家杜维明、刘述先、成中英和台湾鹅湖学派；等等。其实，以上文化共同体、各位思想家或学者见解不尽相同，甚至“所同不胜其异”。例如，近几年关于钱穆属不属于现代新儒家的论战（余英时等人与刘述先等人），就涉及思潮界定的狭义与广义等的问题。如果我们将细节存而不论，以上人物是20世纪面对西方挑战，护持中国传统文化精华的一大批学人中的佼佼者。说他们是“传统主义者”或“保守主义者”，都容易引起误解。他们都有很深的中外人文学的学养，受到很好的教育，其中多数人曾游学西洋，有的更是受到西方学者及学术思想，如康德、黑格尔、叔本华、倭伊铿、柏格森、杜里舒、兰克、白璧德、穆尔，新实在论、新黑格尔主义等的深刻影响。

20世纪的中国，坚持传统精英文化的人文理想并在各自的专业上做出各种贡献的人文学者的反思与批判是极有深度的，他们提出了许多至今仍有意义的问题，乃至我们今天面对21世纪哲学与文化的战略性思考时，仍不能绕过他们。例如，时下有人提出的关于经济与道德的一些看法，还远不如章太炎的“俱分进化论”所提出的问题深刻。又如陈寅恪为冯友兰《中国哲学史》所写的审查报告中的一段话，今天仍闪烁着光芒。他说：“中国自今日以后，即使能忠实输入北美或东欧之思想，其结局当亦等于玄奘唯识之学，在吾国思想史上，既不能居最高之地位，且亦终归于歇绝者。其真能于思想上自成系统，有所创获者，必须一方面吸收输入外来之学说，一方面不忘本来民族之地位。这两种相反而适相成之态度，乃道教之真精神，新儒家之旧途径，而二千年吾民族与他民族思想接触史之所昭示者也。”类似这种文化主张甚多，而世界现代史更是做出了佐证。20世纪的人类历史告诉我们：“世界性”“现代性”与“民族性”“根源性”并不是相互排斥的，而是同时并存、健康互动并可以整合在一起的。世界思潮与民族精神、现代性与民族本己性、普遍原则与特殊道路、东亚价值与全球价值，都是可以而且必须互动、整合的。事实上，在东亚各地区的现代化过程中，佛教、道教与一些民间小宗教的组织，忠孝观念，以家庭为核心的和谐稳定的社会秩序，“群体第一，个人第二”的原则，勤奋敬业的工作伦理，重教育、重德行修养的传统，都曾经作为助缘起过某些作用。在21世纪我国现代化的伟业中，本土的、外来的、已结合的、半结合的、精英层的、民俗层的，各种文化资源都会发生不同的影响，而且相互补充、相得益彰。

缩小到哲学上来讲，从熊十力、冯友兰、贺麟、方东美等人，到唐君毅、牟宗三，都建构了民族化的、中外会通的哲学体系，其生命本体论、本体宇宙论、本体现象论、本体文化论、玄学方法论、道德心性论，都是可贵的创造，极有价值，在世界哲学史上都占有一定的地位。他们的形而上学思考，整合了科学精神与人文精神、时代意识与历史意识。熊十力的体用不二论，翕辟成变的本心论，性智与量智互动的生命体验观；冯友兰的共相殊相分疏合一的理本论，四重境界的人生哲学；贺麟的理想与理性合一的新唯心论，直觉与理智互补的方法论；方东美的中国、西方、印度生命精神的比较观，中国形而上学与人生哲学的新建构及其生命哲学系统；牟宗三的智的直觉说，良知坎陷说，新三统说，圆教与圆善说，真善美的分别说与合一说；唐君毅从道德自我到以生命存在为中心的本体论和文化哲学体系的展开：这些都拓展、深化了中国哲学的内涵，发掘、诠释了中国哲学的意蕴。他们的哲学是中外哲学比较、互动的积极成果，值得珍视。由此可以奠定现代化之根源性的哲学基础。

有趣的是，学术界从二十世纪二三十年代以顾颉刚、胡适等人为代表的古史辨派占统治地位，到二十世纪中后期总结新的考古成就，由唐兰、李学勤等人发出“走出疑古时代”的呼唤。夏鼐、苏秉琦等中国考古学家与华裔人类学家张光直等人关于中国文明起源的讨论，将中国古史源头不断前推，并考察了渐进过渡、多源发生和融合统一的走向及其与西方文明源头走向的差异。抗战时期钱穆在《国史大纲》中对几种史学方法论的批评得到佐证。胡适“斩头”的史观，顾颉刚“层累地造成的中国古史”说都不攻自破。地下发掘不仅不断地确证古史记载和某些古史传说的不诬，而且把不少经部、子部典籍的写作年代向前推，使不少“伪书”的冤案得以洗刷。史学界通过对青铜器与简帛的研究，重估《周礼》等许多文献，对现代中国文化史、学术思想史的著作或结论，提出了严峻的挑战，由此可以奠定现代化之根源性的史学基础。

20 世纪 90 年代，儒学与现代世界、与各种宗教文化（特别是基督教、伊斯兰教）的对话得到加强，其中杜维明先生做了很多工作。从东北亚到东南亚，各国学者乃至政要与西方学者和传媒辩论东亚价值与全球价值。阿部吉雄、冈田武彦、沟口雄三等许多日本学者和李佑成等许多韩国学者重新思考亚洲问题，主张更换视角，从亚洲看世界，从比较的立场研究中日韩儒学的发展、亚洲历史的多重结构、亚洲近代化的文明观及其与西方文明的冲突与融合。中国台湾“中研院”文哲所正拟订一个新的三年研究计划，由刘述先、李明辉主持，吸纳各地区学人，讨论中日韩及东南亚儒学之比较问题。

另一值得注意的动向是，学界对儒学的研究，实际上已突破了现代新儒家的视野，由现代新儒家对宋明心性儒学的高层次扬弃、回归，转向今天学者们对博大的原始儒学（包括社会政事、教育师道、经史博古、文章子集之学）的高层次扬弃、回归。近五年的国内学术论著与博士论文中，从不同学科门类对最能体现中国文化民族性的五经和礼乐文明的研究，对孔子和前孔子儒学和子学的研究，已占有相当的比例。研究的视域和方法更加多样，不仅从思想史、哲学史的进路，而且从人类学、民俗学的进路，从社会文化、生活方式的进路，从儒学的宗教性及与原始宗教、现代宗教之关系的进路，从比较文化的进路，多方位开展研究。《诗》《书》《礼》《易》《春秋》《论语》《孟子》《荀子》及《道德经》《庄子》等是我国乃至全人类具有永久价值的瑰宝和精神文化的源泉，其中不乏“可大”与“可久”，即恒常的与变通开放的不同精神价值。在历史释义过程中，通过历代思想家选择、再创、自肯定与自否定，亦通过广泛渗入民间生活，国学经典在大传统与小传统中都起过相当重要的作用，特别是稳定社会、安定人心的作用，并积淀至今。其协和天、地、人、物，使之各安其位的宽容平和心态，对人生理想人格的塑造，对真善美统一理想境界的追求，以及道德的个体性与主体性的挺立，在今天仍有重大的意义。

关于传统信念在现代社会变迁的机制与方向，根据台湾社会学家杨国枢、李亦园等先生的研究，在小传统中的一些信念，例如命、运、缘、报、忍、忠、信、孝道等，发生了由外控制到内控制、神秘性到功能性、普同性到歧异性、僵固性到变通性的翻转。尽管如此，在华人社区的现代化、世俗化的过程中，文化传递的规律仍在起作用，传统信念仍会长期持续存在。由此可奠定现代化之根源性的社会学基础。

最近五六年间，我国有关“天人合一”之争（季羡林、金景芳等老先生参与了），思想与学术之争，后现代与前现代之争，“人文精神失落了吗？”的论战，对大学生乃至国民人文素质的思考，关于亨廷顿的“文明冲突论”或所谓“中国威胁论”的对话，儒学的宗教性问题讨论，当代新儒家与新道家的探索，等等，五花八门，很有意义。

总之，我同意庞朴先生的说法：20 世纪人类史最有意义的事件是，任何西方或东方（中国）之中心论或文化一元论的构想最终都被无情地消解掉了！西化或泛西方化的思考方式已成为过去。20 世纪人类思想史的最伟大的成就，是把东方与西方、中国与世界、传统与现代、物质与精神、科技与人文、工具理性与价值理性的冲突与紧张显露出来，并昭示了以上的二元对峙最终将会被消解的前景。据江天骥老师的研究，一百多年来，西方知识界中科学主义与人本主义之对抗，逐渐转为彼此采借、互动、接近与合流，任何主体与客体、普遍与特殊、本体与现象、知识与意见、理性与非理性的二分法正在消解。同样的，一百多年来文化人类学、民族学、文化学关于世界文化多元化发展的研究，早已远远地把单线进化论（如所谓五种生产方式的递进论和进步—落后、改革—保守之类二元对抗的方法论视域）抛在后头。历史学派、功能学派、文化相对主义、生态学派等，都有各自的真知灼见。由此可以探讨现代化之根源性的方法学问题。

这都是 21 世纪人类与中国文化发展的广阔背景和深厚基础。在这样的背景、基础之上，我们人文学者的反思与关怀更加多元化了。有关地域、性别、种族、语言、宗教等人类文化之“五元要素”和个人、社群、自然与天道（或称天、地、人、我）等人的存在之“四层空间”的诸多问题，不仅人文学者，而且大众传媒、政府、企业和民众都开始关注。

今天，人们提出的“人文精神”的内涵的确与西方近代启蒙学派提出的“人文主义”大不相同。甚至可以说，导向恰恰相反。他们是面对神性对人性的宰制提出人的解放问题，启蒙价值——

民主、个性自由、平等、人权、理性等，是在世俗化、近代化的过程中确立的。我们在努力使这些启蒙价值在中国生根（确乎不易）的同时，又要面对物性对人性的宰制，面对物化的世界观与人生观的普遍流行和人的生存意义的严重危机，面对世俗化、商业化、功利化浪潮，提出“人之所以为人”的古老问题，重新呼唤崇高理想，体验神性、神圣、经典的意义，提倡敬畏之心，重建终极信念和安身立命之道，爱智、求真、向善、致美，诠释仁、义、礼、智、信、忠恕、孝悌、恭敬、宽容、廉正等深层价值，使之以扬弃的方式回归。在科技文化与商业文化日甚一日地以席卷天下、包举宇内之势主宰一切的时代，作为目的的人自身及其内在价值之实现，生活品质的提高，以及对人的意义世界和精神、道德、艺术境界的追求，则显得愈来愈重要。人不能沦为工具，沦为经济动物、权力动物、色情动物等。

因此，21世纪作为世界文化一部分的中国文化之发展，人文学大有用武之地。人文学方法，特别是生命体验的、理性直观的方法越来越重要。哲学、宗教、艺术、美学、道德、伦理、史学、文学、政治学、社会学、人类学、民族学、文化学、民俗学、心理学、语言学、环境学等，各个领域、各种方法的互动，中外大小传统中各种文化资源的发掘与再创，以及与经济学、法学、管理学及各门类的自然科学、技术科学的整合，将是21世纪文化发展之重要走向。人文学可以帮助人们在各种价值目标中做出权衡、选择和鉴别，并对人类所追求的根本价值目标作批判性的反思，开拓人类生活的价值世界，为未来的文化发展做导航灯。

（原载加拿大《文化中国》1997年3月号，总第12期）

守先待后：世纪之交的文化遐想

一、百年省思

20 世纪是我国传统精神资源饱受摧残的世纪。无论是自由主义还是激进主义或其他流派思潮，都把民族的文化视为现代化的绊脚石，不加分析地毁辱传统，极大地伤害了民族精神之根。在欧风美雨的冲击之下，中国文化陷入深层的困境：价值系统崩溃、意义结构解体、自我意识丧失、精神世界危窘。

我的朋友、在美国约翰斯·霍普金斯大学攻读哲学博士学位的杨效斯先生去年曾在给我的信中说：一百多年来我们不得不以西方近代以来的文化（物质的、制度的、思想的）作为参照来反省自家的文化，而这就有意无意地承认了中华文明的失败和悲剧性的现状，一百多年浮面的西化是对西方文明的恐慌性反应和一定程度上的自我羞辱。今天，我们又以中国传统的心理和文化精神，特别是其宇宙观和人生观作为参照来反省西化、工业化、商业化给地球生态和人之为人的“本性”所带来的损伤。而这就又有意无意地承认传统的外王学（包括科学与制度文明）并非都是糟粕，西方的外王学并非都是精华，特别是这让我们开始思考，传统的内圣学如何能在当今的世界发生效用。

现代化运动在从易北河以西向东、向南不断转移推广的过程中，就曾不断受到不同民族、不同地区的知识精英的批评。18 世纪、19 世纪之交，当拿破仑的马队把启蒙思想家确立的科学、理性、自由、民主、真理、正义等“普遍价值”观念带到“保守”“落后”的德国时，德国启蒙思想家赫尔德等人却提出“民族精神”的观念来保卫德意志文化传统。他们反对把法国文化变成“普遍形式”，反对把世界文化同化于法国文化。他们认为，没有什么普遍的人类，只有特殊形式的人类；没有什么普遍价值与永恒的原则，只有区域性、民族性的价值和偶发的原则；没有什么“一般文化”，只有“我的文化”。在这里，实现近代（现代）化并不意味着一定要全盘否定传统文化，弘扬“民族精神”不一定意味着拒斥“时代精神”。文化启蒙与资源认同、现代性与民族归属感、个体发展与国家富强、世界大势与民族文化个性，并不是对立的两极。

在跨入 21 世纪之际，人们逐渐认识到西化和泛西方化的思维定式需要修正和检讨。在目前的价值失范、道德危机面前，在回应当代世界的多重矛盾的背景下，我们需要以健康的心态，以多维的价值系统、评价尺度和诠释维度来审视、疏导传统，并视之为我们现代化的内在基础、内在资源和内在动力。“现代性”需要被重新界定。“现代性”绝不只是西方制度、理念与价值的普遍性，但西方的制度、秩序、理性、自由、平等、人权和法治，又是非常重要的参照物。其中的单向性、平面化的缺陷，需要发掘东方传统的政治资源、道德资源、价值资源予以调剂、互补与互动。从一定意义上来说，20 世纪是疏离、背弃自己的传统资源的世纪，而 21 世纪将是重新认同、拥抱自己的传统资源的世纪。

没有哪一个民族的现代化是脱离本民族精神资源的陶养的。

一个多世纪以来，我们几代人对民族文化的伤害太严重了，犹如我们几代人对生态平衡的破坏一样。所有这些，都不可能不带来惩罚。人的危机，特别是人的素养（包括道德素养）的危机无疑将带来负面的影响。“为往圣继绝学”亦是“为万世开太平”，而今天的知识分子，对“往圣”太缺乏同情理解。

20 世纪中国教育的最大失误莫过于使我们几代人离开了传统精神家园，失去了东方人生智慧和品性的陶养。自《马氏文通》以来，文字、语言的教育完全糟蹋了汉语之美，将文字弄得非驴非马，这从我们今天中小学语文教学和莫名其妙的考题上都可以看出来。我们这一代和下一代，已不能读通古典，起码连字都认不全。至于在精神资源和道德文明上，我们并没有吸纳西方之真善美以改善国民的精神人格，同时又大大失却了古已有之的真善美价值。

20 世纪中国教育的重大失误是背离人文主义的教育传统，使教育目的、职能、功用、方法日趋单面化。教育绝不只是“工具理性”的，不应该只服从或服务于某种浅近直接的目的，甚至只服从或服务于某种需要或福利。教育是人类、民族千秋万代的伟业，自然有它丰厚多重的“价值理性”，容不得“短视”。教育在人类文明方面，包括文化传承，特别是在我们的“国学”、我们悠久的民族传统文化的传承方面，有着它独立的价值。教育绝不只是知识性的教育，更是人文的教育。教育的目的在于培养一代代素养极佳的人才，在于培养社会的批判精神、批判意识，在于发展全面的人格，在于重建崇高的理想，在于活化民族的精神资源。人文精神的熏陶，可以帮助我们的社会和我们的学生克服文化资源缺失、价值领域单薄的弊病，正如美国哈佛大学著名学者杜维明先生经常说到的那样。

二、资源活化

人们现在常常议论传统美德。我们是在什么样的语境中讨论中国传统道德资源的活化问题呢？

首先，东亚（特别是中国）经济的崛起，为我们在文化精神上摆脱对西方的依附状态提供了前提条件。人们开始以新的视域审视“现代性”，反思现代化、文化传统及二者之间的关系问题。毋庸赘言，经济生活与文化小传统有着颇大的差距，不可同日而语。相应地，经济生活与文化大传统的差距就更加巨大了。尽管如此，东亚的现代腾飞毕竟打破了韦伯理论的限制，连带着打破了一切以西方现代化的模式为唯一参照标准的思想范型，打破了对西方社会科学方法论之普适性的迷信。

传统东亚社会与现代东亚社会之间有着密切相连的精神纽带，尽管一百多年来“脱亚入欧”的“社会转型”（即前现代向现代的过渡）使东亚社会的种种面貌日趋欧美化，然而传统的精神资源沉淀在小传统中的忠、孝、信、义、缘、报等信念在东亚经济起飞的民间生活中仍然起着作用，当然也发生了适应性的变迁，包括抛弃了愚忠、愚孝等。仁爱、慈悲等道德意识，儒释道三教关于天、地、人、物、我之相互感通与整体和谐的观念，通过种种渠道和不同层次的中间环节，在中、韩、日及东南亚各国的现代化过程中已经起到重要作用，并将越来越重要。

其次，人类在现代工商社会中享受着高度物质文明带来的福报的同时，也痛苦地品尝着高度物质文明赐下的酸果。现代化使人类的精神生活日趋文明、高雅，同时也投下了一些不祥的阴影，人类的精神生活面临着种种危机，家、国、天下的疏离病痛正在加剧，功利至上和物质主义正在日甚一日地吞噬着人类最美好的精神追求，金钱挂帅和钱权交易的渗透力，已经使得人们惊呼：要守住良知，拒绝堕落太不容易了！

全人类的有识之士都开始从价值合理性方面对前现代文明中的宗教、艺术、哲学、伦理、道德等的现代意义作深入挖掘和汲取。基于人文价值、终极关怀的危机和现代社会急需的意义治疗，重新检视中华民族传统核心价值观念的转化工作，是我们民族新一代知识分子不可推卸的责任。

再次，以儒释道三教思想为核心的东方智慧，与其他各个文明，特别是西方现代文明的相互吸收和融合，是即将到来的21世纪的重要文化走向。儒教伦理和其他传统精神资源是现代社群整合和经济高速增长的关键变项。其动态稳定、有序平衡的社会架构和修身为本、修己爱人、自省慎独、自尊尊人、敬业乐群的君子人格，是建立一个有文化修养的、高度文明优雅的社会的可现代化的因素。对传统价值观的合理汲取与转化，不仅可以和经济高速增长并行不悖，而且是对后者的必要补充，是有序、健康的现代化的必需。

有鉴于此，我们需要以平和的心态与古代的圣贤、智者作平等的心灵交流和思想对话，珍视和尊重他们的智慧。人类文明史上的原创性思想智慧，可以给现代人和现代社会提供精神食粮，并帮助我们克服浮躁心态。

传统农业社会的社会架构和政治体制已经消失，但并不意味着与之结合过的价值观念、道德意识、思想与行为方式都失去了存在的合理性。这是思想继承的前提。继承传统当然不意味着复古和保守。批评传统思想的负面性，否定、清除其思想弊病，去芜存菁，做出创造性的选择和诠释，以符合现代社会和现代人的需要，正是我们的职责。但我们需要综合整体地审视传统社会与传统文化，包括其价值观念、大小传统的变化和在一定时空条件下的多重作用，并作切实的中西比较，切不可信口开河，轻率武断地做出情绪化、简单化、片面化的结论，或因对当下的感悟而迁怒于古人。

五四运动时期，人们呼唤“德”“赛”二先生，并掀起“打倒孔家店”的运动，这是时势所不可免的。今天，我们仍然要大力提倡增强国民的科学与民主的素养，仍然要批判当年五四运动的先驱们批判过的国民的奴性等阴暗面和成为专制主义意识形态的儒学的糟粕（主要是被封建统治者歪曲利用的程朱理学），特别是后者对人性的宰制、对思想自由的扼杀。但另一方面，我们又不能不看到，仅仅以西方近代的科学观与民主观作为尺度，是不可能正确衡估前现代文明中的民俗、宗教、艺术、哲学、伦理、道德等丰富多彩、深长久远的价值的。我们也不能不看到，不分青红皂白地否定包括传统道德在内的一切文化遗产给我们带来了巨大的民族性的损伤，是极其有害的。

毫无疑问，我们要努力建设现代化的、民主法治的、有制约机制的、健全合理有序而健康的社会结构，要学习西方现代化的可贵经验。毫无疑问，我们必须继承和光大一百多年来我国社会道德精神和伦理文化的巨大变革性的优秀成果，包括学习西方而涵化、整合进现代中国人的意识和行为中的现代道德观念。

三、守先待后

20 世纪的学术思想史昭示我们，真正深刻的、有识见的思想家不是浮在潮流表面的声名赫赫的人物，而是潜光含章、剖视时俗之弊，把握了民族精神底蕴的人物。他们以整个身心、全部生命，抗拒着工业化、商业化、现代化的负面性对人性的肢解，抗拒着欧风美雨席卷所造成的民族文化生命的衰亡，捍卫、弘扬中华民族历史文化传统的精华，并加以创造性地现代重建。

作为知识分子，作为教师，良知和职分不允许我们媚俗，不允许我们盲目追逐时尚。无论是西方还是东方，知识精英运用传统资源批判现代化的负面性，正是现代化健康发展的动力之一。现代化运动涵盖着反现代化（修正、批评现代化的负面性）。现代化需要有多种不同的声音，否则不可能有健康的发展。

我现在最为欣赏的四个字是“守先待后”。一个多世纪的“变易”“趋新”，似乎使我们目不暇接、迷茫失据。“变易”之中当有“不易”，“趋新”之中当有“守成”。有变无常，有为无守，有革无因，有化无文，不能谓之常道。外无法治秩序，内无道德良知，既未学到西方之真，又抛弃了传统之美，孰能谓之正道？有的知识界“精英”还在那里赶潮、起哄，似乎自然环境、人文环境都可以先污染后治理，美其名曰“代价意识”。背离、疏远、肢解、丧失民族的形上智慧，以及礼俗、风习、艺术、宗教、道德、哲学……如果这是现代化的代价，那其实是太沉重的代价。实际上，健康的现代化不一定要全盘背离、糟蹋民族文化的种种特点和资源，无论是原发型的还是所谓次生型的现代化都是如此。

我相信，国民精神的重建需要许多知识分子从不同侧面、不同层次反思中西文化，反思新老传统，促进各思潮各范型的互动。我十分理解许多同志所强调的制度建构、理性精神和西学价值的生根问题之重要性，但在各种不同的声音中，对有所“守”的声音是应当给予一定地位的。每位学人都有自己的定位，都有自己的职分，都有自己的学问宗主。我所从事的中国哲学的教学和研究，以及十多年的生存体验，使我感到我的根本责任在“守”。守住民族精神的根本，守住知识分子的气节、操守、良知，守住做人和为学的本分，守住老一辈学问家和哲学家严谨、正直的为人为学之道，守住先圣先贤的绝学，在守之中争取有所创获，以待来贤，以俟解人，或许正是社会、历史、民族、文化赋予我等的使命。不同的思潮、不同的价值取向、不同的声音、不同的职责、不同的学术宗主，有一个生态的关系，可以互补互渗，不必相互排斥。

《诗经·大雅·文王》曰：“周虽旧邦，其命维新。”我们这里以“旧邦”喻指古老的祖国和中华民族，以“新命”喻指现代化的伟业。“旧邦新命”，亦可表示我们古老的文明、灿烂的文化在现代的重光。

（原载《科学·经济·社会》1997 年第 4 期）

趋新与守成

新年、新世纪、新千年即将到来。人们的论域集中在一个“新”字上。趋时更新，其实正是中国文化的主脉。

在现代科技日新月异发展的时代，人们展望着下一世纪、下一千年的美丽图景。出于职业的习惯，我想回顾一下过去：回溯上一千年，正当北宋前期。北宋时我国经济、科技、文化的水平在当时的世界上属一流。在哲学思想上，从“宋初三先生”胡瑗、孙复、石介起，推尊儒家道统，开启了消化佛、道，重建中华文化思想的运动。在“复兴”与“造道”的旗帜下，继起者周敦颐、邵雍、司马光、张载、王安石、二程、三苏等人，在政治改革、教育师道、经史博古与文章子集之学的各方面都有了全面建树，此后更有朱熹与陆、王，从心性之学等方面，复兴、挺立了中国文化的神髓！再向上回溯，在距今2500年前，正当轴心文明时代，我国孔子、老子、墨子奠定了中国思想的基本架构，创造了不同于古希腊文明、古埃及文明、古印度文明的“中国哲学的突破”，此后孟子、庄子、荀子等诸子百家兴起，成就了中华灿烂的思想文化之面貌。

往后看是很有必要的。唯其如此，才能知道今天“新”在何处，才能弥补光往前看带来的不足。新旧之间、古今之间、传统与现代之间有挥之不去、斩不断理还乱的联系。趋新之外，还要守成。我们要珍视自家的精神文化资源。世纪交替之际，我们真正需要做的是潜下心来细细地而不是浮躁地引进外来文化，朴实地而不是浮光掠影地多翻译一些外国古今思想家的经典；同时，也需要潜沉下来体验我们的祖宗留下来的文化遗产，真正以平等心与古代思想家作心灵的沟通，了解中国文化尤其是经子之学中蕴藏的"原教旨"，其间有可供滋养现代心灵的源头活水。传统经典给予人们的人文陶养和安身立命的终极信念，仍然是无可替代的，可以作为健康的力量参与现代化建设。建议忙碌的现代人不妨拨冗读一点《论语》《孟子》《老子》《庄子》。四书五经和老庄玄禅可以起到净化心灵的作用，是需要一代一代承传下去的瑰宝。在承传、守成之中，当然有创造性的转化和扬弃，这亦是趋新。

（原载《深圳特区报》2000 年 1 月 1 日第 34 版）

法治与德治交互为用

我国重视现代化的社会主义法治建设，在此基础上，最近又提出了“依法治国”前提下的“以德治国”的思想，这是非常深刻的。

首先，这一思想推进了中华人文精神的现代转化，具有深厚的文化内涵。我们知道，法律只能提供社会稳定的最低条件，但不能最终解决社会公正、社会正义的问题，不能维系世道人心，尤其不能使人安身立命。“以德治国”是要弘扬中华各民族共同的价值理想，这不仅有助于形成整体和谐的人间秩序，而且可以成就每一个和乐庄敬的生命，提升人们的精神境界。“以德治国”源于我国传统的精神资源。德治是传统思想家的政治理念。孔子说：“为政以德，譬如北辰，居其所而众星共（拱）之。”（《论语・为政》）这是说，以道德来治国理政，才有巨大的感召力、凝聚力。孔子又说：“道（导）之以政，齐之以刑，民免而无耻；道（导）之以德，齐之以礼，有耻且格。”（同上书）这是说，用政令来诱导百姓，用刑罚来整顿他们，人民只能暂时地免于罪过，却没有廉耻之心。如果用道德来诱导他们，用礼乐来规范、教化他们，人民不但有廉耻之心，而且人心归服。这里有很深刻的内涵：单靠法律，特别是刑罚不能启导人的文明行为的羞耻感。另一层意思是：在法律和道德之间，社会礼乐规范（包含礼仪、礼节）也是重要的，它可以帮助人们培养志向，陶冶性情。当然，儒家德治理想主要是说，清明的、良好的政治是靠贤人、有德行修养的人来维系、贯彻的，应当举贤任能，依靠他们去治理百姓、提升百姓，唤起良知，去“淳风俗，正人心”。在古代，治理社会有两种方略：一是“德”，二是“刑”。所谓“德主刑辅”，就是把道德教化放在强力控制之上。这比法家主张的仅仅靠刑赏二柄，靠利益去驱动百姓，显然有更深厚的人文内涵。“以德治国”的提出，是要使我们的国民，特别是干部有基本的道义感和责任感，学习如何做人，如何呵护人们的善性良行和社会的道德资源。德行是有力量的。究极地说，道德是内在性的。道德自由是最高的自由，因为那是自己给自己下命令。一个人遇事当行还是不当行，当止还是不当止，根本上取决于内在自我的命令。因此，社会主义法治离不开道德社群、道德氛围，特别是道德自我。从这个意义上来说，“以德治国”有助于更好地“依法治国”，二者是相辅相成的。

其次，今天的“以德治国”与古代的德治理想是有很大区别的。一是政治、法律的主体是人民而不是人主。也就是说，社会主义法治保障的是每一位公民的自由与权利，包括政治、经济、社会、文化权利等。社会的管理者与老百姓在法律面前是平等的。而在传统社会，治世者与被治者是不平等的。二是今天的德治是法治的补充，整个社会架构和社会秩序是以法治为基础的。法治不仅仅只是刑法或刑罚，法治要处理的还有权力配置问题，特别是权力冲突时的配置问题。然而古代的德治理想是贤人政治，说到底是靠人治而不是法治。靠人治而不是靠法律制度去处理权力配置，去管理普遍的社会事务，是有很大漏洞的。三是现代政治、法律、伦理、道德是分化的，而不是混一的。法律与道德是有边界的，一个是外在强制，一个是内在自觉，两者不能混为一谈。

传统中华法系是伦理法，法治与道德观念、伦理价值相融合，如古代法律不允许以强凌弱、不允许不孝等。这当然有正面作用，但负面作用也不少。虽然我们承认法律的本土资源非常丰富，可以作现代转化，虽然我们今天也把诚信等道德价值渗入经济法中，但与传统伦理法仍然是不可相提并论的。

最后，我以为，以德治国，首先是要以德治官、治吏。官治、吏治不清是历朝历代最忌讳的大问题，它会造成社会不公、大面积的价值失范，甚至引发动乱。治官、治吏必须且主要靠法治，靠制约机制、靠制度保障，但诱导良知、修养身心也是很重要的。在物质主义、功利主义、享乐主义泛滥的今天，尤其要如此。传统社会的行政任贤制、教育精英制虽有不少弊病，但仍有其合理因素。家庭伦理仍然是社会伦理的基础。为了避免道德教育的虚假化和空疏化，建议对国民，首先是干部推行最低限度伦理的学习与实践。按《走向全球伦理宣言》所总结的，各族群、各宗教、各文明比较认同、可普遍推行的两条原则和四条规范是“每个人都应当得到人道的对待”（“人其人”），“己所不欲，勿施于人”，“不可杀人，不可偷盗，不可撒谎，不可奸淫”。这后四条规范大体已在相关法律中体现出来。前两条原则强调了彼此的尊重，充分尊重别人的存在空间、别人的自由、人格独立与尊严。这里肯定的宽容精神十分重要，这就是最低限度的伦理。在此基础上，建议提倡读一点《论语》或四书。我以为应当活化儒家“明明德、亲民、止于至善”的精神和“正心、诚意、格物、致知、修身、齐家、治国、平天下”的主张，对其作创造性的转化。对于民众，对于青少年，特别是对于干部光有知识教育是不够的，还要强调道德教育。这样才能培育一代一代全面健康的人才和人风。社会品质，依赖其成员的自我修养的水平和相互劝勉。儒家的人格理想和人之所以为人之道还有巨大的生命力。"仁""义""礼""智""信""诚敬""忠恕""孝悌""廉耻""慎独"等价值可以在市场经济、民主政治的现代生活中发挥积极作用。

合而观之，"依法治国"和"以德治国"的方略，从根本上启发我们探索中国的现代化道路，体悟现代性的多样性。除了西方现代性凸显的市场经济、法治秩序、个体自由、社会正义非常重要之外，东方现代性中凸显的政府在经济活动中的行政调节功能、要求政府保证社会公正、社会伦理与家庭伦理、群体精神等，也非常重要。

（原题为《重要的治国理念》，原载《学校党建与思想教育》2001 年 4 月第 4 期）

儒家人文精神的特色与价值

从人类学、社会学、历史学、哲学或比较宗教学的不同途径，以不同的方法论视域，研究儒家文化在历史与现实发展中的价值与功能，可以得出多种多样的结论。当然，我们需要以同情理解的心态和理性批判的方法来面对这些复杂的问题。

一、儒家文化的历史地位

儒学的地位不是自封的，而是自然形成的。儒学是王官之学下移民间的产物。在礼崩乐坏的时代，孔子兴办私学，承担了上古三代文化承传的历史使命。战国末期到西汉中期的民间社会和政府，经过艰难的选择，逐步确立了以儒学为主，兼收阴阳、道、墨、法诸家学说的路线。这主要是因为儒家能继承传统文化、典章制度而又善于趋时更新，因革损益，适应了承平时期凝聚社会人心，积极有为地推展事功的需要。儒家思想比较平易合理，使朝野都能接受，满足了“内裕民生，外服四夷”的社会心理，其所主张与推行的伦理教化，虽在实际运作中打了不少折扣，但大体上还是与民众的要求，特别是社会的秩序化、和谐化，缩小贫富差距，端正人心，淳化风俗的要求相适合。用历史的眼光看，“序君臣父子之礼，列夫妇长幼之别”，是在当时经济政治资源配置下相对合理的选择。除战乱之外，中国历史上主要是文士政府从事社会管理，官吏主要是通过推选，特别是通过科举考试选拔的（科举制是近代西方文官制度的重要参照），从接受了儒家教育的文人中产生的。而广大的民间社会，政府没有力量去管，那也没有关系，有不少儒生（教书先生）发挥了类似西方牧师或律师的作用，维系人心，协调社会，使之平衡、安宁，同时也主持着社会的道义与公正。这些儒生其实并不是靠什么“说教”，而是靠文化制度，靠身体力行与行为的示范。同时，调节社会的还有家族宗法的力量，这些力量并不都是负面的。

儒家仁义忠恕之道主要是对执政者和知识分子的要求。传统吏治，一方面有其制度性的制约，另一方面是通过道德自律的内在控制。不能认为这些都是苍白无力的。彼时社会空间较大，传统儒生关切民间疾苦，批评时弊，参与社会政治，弹劾贪官污吏，使道统、政统、治统、学统之间保持了必要的张力。所谓“道”与“道统”，主要是指核心价值、终极信念，它与学术传承、经世实践、治民方略是相互配合的。儒生修养自身，具有道德资源和人格力量，有抗议精神，追求并护持“道”。按钱穆先生的看法，周代以来，中国将宗教政治化，又将政治伦理化了，即以王权代替神权，又以师权来规范君权。在士农工商的“四民社会”，士的作用及流品的精神影响很大。在儒家，道德的正当优先于政治上的利害，这是中国文化的特点。儒家的民本思想、抗议批判精神与以德抗位的传统无疑成为社会正义的表征，是历代清流的政治资源。正如萧公权先生所指出的，“民惟邦本”“天视自我民视”等价值是永恒的，适用于一切文明社会。儒家文化有很强的民间性与草根性，民间不识字的老人、妇女亦怀抱同样的价值，以身教教育后代做正直的人，重视教育，有仁爱、恻隐、悲悯之心，有“不患寡而患不均”“敬老尊贤”等意识。《孟子》《大学》《礼运》等儒家经典中的“百亩之田”“八口之家”“老吾老以及人之老，幼吾幼以及人之幼”“天下一家”“选贤与能”“天下为公”的社会理想其实是来自民间大众的，后经儒生的总结，用以指导、批评现实。

儒学在民间、在历史上浸润近三千年，其“和而不同”“天下一家”之道，对各民族及其宗教、习俗、文化的融合，对中华民族及其国家的形成，起了极其重要的作用，其重要地位自不待言。

二、儒家的仁爱精神

有一种看法，认为真实的历史就是血与火的历史，血雨腥风，征战杀伐，尔虞我诈，根本无仁爱、和平、诚信可言，因此，任何有关仁爱、和平、诚信的思想与典籍都是虚伪的，都是粉饰，都是说教。殊不知，人类各族群的历史都是如此，但都有反思现实、批判现实、超越现实、指导现实的价值理念和社会理想。西方史上的宗教战争惨烈无比，我们亦不能说西方观念中的“博爱”思想是虚假的。孟子批评杀人盈野的现实，因此倡导把上天赋予人的善良本性启导出来，并加以扩充。

孔子思想的重大贡献，是自觉到礼乐制度、等级规范背后的“仁爱”思想的重要，把它凸显了出来。“仁”是儒家思想中最根本的观点，它统率了义、礼、智、信，并展开为忠、恕两面。在战国竹简中，“仁”字的写法是上“身”下“心”，表示对他人的喜怒哀乐感同身受。“仁”是以亲爱亲人为起点的道德感，首先是孝敬父母、敬爱兄长，然后把它扩充出去，推己及人，进而使天、地、人、物、我之间情感相通，痛痒相关，形成一种普遍的同情心与正义感。“仁”又是道德的主体性、自觉性、自律性的原则，凸显了道德生活的自我主宰，不听任他律与他力的驱使。儒家以仁道的原则要求官员与官府“修己安人”“博施济众”“使民以时”“动之以礼”，反对滥用权力，以随意的态度使用民力，而要以庄敬的态度尊重、呵护百姓。“仁”的内涵是尽己之“忠”与推己之“恕”，这两者是互动的。一方面“己欲立而立人，己欲达而达人”，也就是自己要站得住，同时也启发帮助别人，让别人站得住；自己通达了，同时也启发帮助别人，让别人去通达。另一方面“己所不欲，勿施于人”，即自己不想要的东西，不要强加给别人，也就是尊重、宽容别人，设身处地为别人着想。孔子儒家的这些价值理想是中国人安身立命和中国文化可大可久的依据，在今天也为世界的有识之士所重视。“己所不欲，勿施于人”，成为《走向全球伦理宣言》中的重要原则，用以处理国家、民族、宗教、文化间的相互关系，乃至成为人类与自然关系的普遍和谐之道。我们不能因为今天世界的战乱频仍，而谴责1993年在芝加哥签署《走向全球伦理宣言》的几千位宗教领袖与伦理学家们提倡的一个“假命题”。唯有如此，方显出人类、族类的健康的价值理想的重要。

孔子确实不忽视个体与群体的现实功利，但其义利观的主旨是以道义指导功利。儒家思想传统中也确实有功利学派，尤其是强调家、国、民族等群体之功利的思想家群体，都非常了不起，但从整个儒学发展史来看，最基本的主张是不离开日用伦常、经世济民而又超越现实功利，追求价值理想、人格境界的实现。西方思想史上也确有“仁”的思想，但不是主流，不是其特色。

三、“天人合一”的境界追求

有一种看法，认为中国历史上的自然生态环境曾遭到严重的破坏，因此所谓“天人合一”只是天方夜谭或“皇帝的新衣”。在古代，人力资源长期不足和随后几度的人口爆炸以及其他天灾人祸，确乎带来了社会危机和自然生态环境的危机，这是不刊的事实。但另一方面，又不能因此而否定古代对生态平衡的重视与功绩。例如从《月令》中可知，古代政府下令保护动植物、山川、陂池，重视人们赖以生存的自然环境。“人与天地万物一体”“民胞物与”的共生关系论，天地人整体和谐的智慧，绝非仅仅是《周易》《孟子》《庄子》和宋儒等精英典籍文化的诉求，它同样有很深厚的民间性，从很多民间信仰、民间文化中，我们也发现了同样的内容。

其实关于“天人合一”的含义，不仅仅是指人与自然的统一，更重要的是指人与超自然的神灵的合一。中国哲学史上的“天”，有多重含义，有宗教神性意义的、权威主宰的、福佑人间的“天”，有作为人与万物的创生源头的“天”，有道德化的义理之“天”，有自然之“天”，有代表偶然性的命运之“天”等。因此诸家所说的“天人合一”，均必须依上下文来具体讨论。当然“天人合一”之主要倾向是人与超自然、人与自然的统一。

据韦政通教授研究，西方被讨论得最多的五个观念是：上帝、知识、人、国家与爱。中国先秦讨论得最多的五个观念则是：道、人、天命、仁爱、心性。在西方，一元外在超越的上帝代表神本位与信仰，知识与国家的观念确乎比中国受重视，且成系统，为近世科学与民主的根源。中国的这五个观念，代表周孔以来的人文觉醒，挣脱原始宗教控制而又与天神保持内在关联，以及体现中国人文重实践内省的特点。儒家五经是传统政教之本，它偏重人文实务，同时又保存了古代相传的宗教信仰，特别是关于天的信仰。人的道德性源出于天，儒家的价值理想，使天德下贯为人德，人德上齐于天德。这种人文精神又兼有一种近似宗教的精神，对超自然天命充满无限的向往，即天人合一、性道合一的信仰。儒者终生不忘“做人”，且有终极承担、献身救世的热忱，俱源于此。这都需要生命体验与悟性正智的作用。物质化、功利化的人生，体验不到人与自然、超自然合一的愉悦，不能超越上达“天人合一”的最高精神境界。

四、儒学与现代化

一个地区或国家经济增长或陷于困境的原因非常复杂。儒学与东亚经济的腾飞或东亚金融的危机没有直接的因果关系。20 世纪 80 年代至 90 年代，Hicks 和 Reddins 的研究表明，中华文化遗产与华人社会的经济成功、儒家价值与海外华人企业有着一定的关联。在华人社区的现代化、世俗化的过程中，大小传统的信念仍会长期起作用。在华人社会大众文化中，孝悌、家庭的稳定与凝聚力、对教育和伦理的重视，仍然是主流，这表明儒家思想并没有死亡。

有一种看法，认为儒学是农业文明的产物，是过时的东西，在今天已没有任何价值。实际上，就民族性而言，儒学反映了民族性格、生活准则、生存智慧、处世方略，作为民族的意识与心理仍活在民间，有生命力。就时代性与空间性而言，一切地域、族群的前现代文明尤其是其精神因素，不可能不具有超越时空的价值与意义。经济全球化绝不意味着民族文化，特别是民族归属感的消解。没有本土性就没有全球性。没有人文精神的调治，当下社会的发展只可能是畸形的、单向度的、平面化的；没有如布尔迪厄和福山等人所说的“社会资本”“文化资本”与文化能力的养育、积累，没有工作伦理、社群伦理的建构，我国“经济资本”的建构和经济、科技现代化将不可能实现。儒家人文精神提倡的仁、义、礼、智、信、忠、孝、诚、恕等价值，在剔除其历史附着的负面性之后，完全可以提炼、转化、活化其合理因素，渗透到今天的社会生活中去，进而作为正面、积极、健康的力量参与现代化建设，治疗现代社会的某些病症，恢复人的尊严，重建人的意义世界，重建人与“天、地、人、物、我”的良性互动的关系。一切向钱看，充塞着物质主义、功利主义、个人中心主义，缺乏诚信与信誉的现代化是非常危险的。我们应尊重自己本土的伦理资源，加强对青少年进行本土的伦理教育。这不是说儒学可以拯救世界，也不是说儒学在今天仍可以成为治国的基本思想，我也不同意“21世纪是中国文化的世纪”这个狭隘的提法，我只是提醒各位思考：面对21世纪，我们有什么精神资源？

（原载《长江日报》2002年3月7日第12版，《新华文摘》2002年第6期转载）

略谈中西文化比较

关于所谓“文化”或“中国文化”“西方文化”“印度文化”等概念与问题，是最难加以界定与讨论的。全世界关于所谓“文化”约有三百种定义，按有的专家的看法，“文化”即一定时空条件下一定人群之生存状态，按此看法，“文化”可谓与空气一样，无所不在，无所不包。不同的时间、空间，不同的人群、种族、民族，或者同一时间、不同空间的同一或不同之人群、种族或民族，或者同一时间、空间、民族中之不同的阶层、社群，都有着极不相同、异彩纷呈的与生存环境相应的生存状态（生活方式、衣食住行及各种禁忌与礼俗等）及与生存状态相应的语言文字、宗教信仰（生活信念）、思维方法、价值追求、审美情趣等，此即文化。文化绝对是多样的。不管今天的所谓“地球村”、全球化、美国化、趋同性达到何种地步，只要有时间、空间、人群、种族、民族、阶层、社群，就一定会有不同的生存状态，即不同的文化。

历史上中华文化或文明（此处姑且不论文化与文明的差异）的形成，有一个漫长的过程。从远古辉煌的夏、商、周三代文化，到发展为成熟的中原文化，其间黄河流域、长江流域的文化之间及黄河流域、长江流域的文化与周边各民族文化之间不断碰撞交融，汇聚成伟大的中华文化与文明。周边各民族的文化不断给黄河流域、长江流域的文化注入新的营养与活力，例如胡服骑射、音乐舞蹈等。历史上中华文明的形成，也是中土文明与外域文明不断碰撞交融的结晶。这里所谓的“外域文明”，首先指通过丝绸之路传来的中亚、西亚的文化与文明，从植物种子到栽培方式与器物，等等。历史上中国人心目中的“西方”，首先指西域，后来指通过西域到达的中亚、西亚，特别是南亚的印度等国。所谓中外文化（或第一次中西文化）的比较、碰撞、交流与融合，在上层文化中规模较大的，无疑是佛教文化（包括艺术）的传入及其中国化的过程，其间经过了6—8个世纪的消化、融通。在此期间，中国化的佛教诸宗派通过东亚传遍全世界，以儒家为主，佛教、道教与儒家融合而成的中国宋明时代的道学或理学，在东亚社会的传播与融合，在整个东亚社会的上层与下层担负起文明化的功能，成为东亚文明的标志及前现代的意识形态，至今与东亚的现代化有着千丝万缕的联系。

今日所谓“西方文化”，主要指欧洲的文化，起步很晚。正如李零先生所指出的，近代欧洲启蒙主义的文化人特别聪明，善于认祖归宗，把本来与他们的文化并无直接关系的古希腊文明、古罗马文明，追溯为自己的祖宗文明并加以尊崇与保护。古希腊文明、古罗马文明与希伯来文化中有不少珍宝。文艺复兴、启蒙运动以来，欧洲人把他们的文化发展到极致并扩张到北美、大洋洲及全球。明代末年，耶稣会士进入中国以来，迄今为止，中西文化的比较、碰撞、交流与融合已有了四百年的历史。与印度佛学传入中国不可同日而语的是，第二次中西文化的碰撞交融，在清季之后，在方式上是坚船利炮的强势入侵，在规模上是器物、制度、思想价值各层面上的铺天盖地之势。今日所谓经济全球化已超过了经济之范畴，美国文化成为西方文化的主流，日甚一日地席卷全球。

在这一背景下，中西文化比较是与我们当下的生活密切相关的课题，同时也是十分繁复的课题，言人人殊，莫衷一是。既然中华各民族与欧洲各民族都生存于同一个地球，既然我们都是人，其文化当然有着可比性，或可通约性，这是不言而喻的。但文化比较的方法学却非常丰富。文化人类学家、社会学家、历史学家、文学家们都有不同的路数从事文化比较。哲学或文化思想专业的从业者也有哲学的或文化思想的理路。

有的论者从哲学的路数展开比较，分门别类地讨论中国与西方文化的生存环境、生态意识、人文精神、社会理想、人性理念、思维方式、审美情趣等。有的论者提炼中西方文化的基本特性，分析推求，详加对比。伟大的中西方各民族的生存体验、文化积累与拓新、历史经验与教训，都是全人类的宝贵财富。我们立足当下，从经济全球化背景下的中华民族及其文化复兴的视域出发，从地球上的中华民族与世界各民族的整体、协调与可持续性发展出发，积极努力地从不同民族的生存智慧中汲取丰富的营养。中华民族是非常善于学习的民族，通过文化比较，我们可以更加自觉地学习、借鉴西方及全世界各民族的文化精华，并融入我们各民族的现实生活之中。有的论者以凝重的历史感与责任感，力图深入地理解自家文化的状态、传统与特性，绝不妄自菲薄，全面分析中华文化的精华与糟粕、贡献与局限，以及创造性转化的前景。这是本书作者的高明之处。

在文明与文化的比较、学习与对话方面，费孝通先生有名的十六字诀是值得深思的：“各美其美，美人之美，美美与共，天下大同。”作者在本书中贯穿了这一理念，因而心态比较平正，既反对夜郎自大，又反对民族虚无主义，通过冷峻的沉思，理性研究中西方文化之主潮的成因、特征、得失与走势，理解作为人类共性的真、善、美，自由、公平、正义的追求，以及这些追求在不同族群的实践过程中出现的殊异状貌。作者以宽容的胸襟包容中西方各民族的历史文化，作文化之大观。作者追求的是大智大慧！

今天，我们希望有更多的青年以了解之共情善待、尊重自己的民族文化传统，发掘并创造性转化我们的精神资源，重建我们的精神家园，树立文化自觉意识与文化的主体性意识。我们要向法国人民学习，法国上下，从总统到民众，非常珍视并努力捍卫法兰西语言的纯洁性与法兰西文化的传统。这丝毫不影响法国人民以开放的胸襟，善于学习外来的文化。以上所说绝不是要盲目排外，我们反对“义和团”心态与“红卫兵”心态。

从哲学或文化思想的路数出发，在中西文化比较方面做出深刻的探索，是很困难的。我个人在 20 世纪 80 年代末期曾做过一些文化理论与中西文化比较的探讨，于 1990 年在湖北人民出版社出版了《文化学概论》一书。此后因各方面的需要，出版社一再希望修订再版，但我却放下来了。原因是文化问题，中西文化比较的问题太庞大，太复杂，太不好把握。希望我们的青年学子虚怀若谷地学习中西方文化的经典与宝藏，丰富自己，丰富现代文化。我国现代化的源头活水，我国精神食粮的宝库，主要在母语和文化母体之中。我们一定要认真地消化吸收轴心文明时代古中国、古希腊、古罗马、古印度、古埃及、古代两河流域的文明中蕴含的文化精品，特别是语言、哲学、宗教、科学、道德、伦理、历史、文学、艺术的精华，那是人类文明永不枯竭的源泉。通过文化与文明的比较研究，我们可以站得更高，看得更远，更加自觉地拥抱世界各民族的文化，并用以建设自己的祖国与祖国的文化，使之繁荣昌盛，可大可久！

乙酉（2005 年）仲夏为某书作的序言

是精魂，不是形貌

——关于中国学术的主体性

西方的哲学、西方的社会科学与人文学，大而言之，西方的学术，其术语、范畴、思想架构、学科体系、学术范式与规范、理论与方法学等，在一百多年来的现代化浪潮中已然在中国各地牢牢地扎下根来。不唯中国，东亚、南亚、东南亚诸国家与地区，亦概莫能外。

在现代化、全球化的背景下，东方各个国家与地区的学术的主体性、话语权有所丧失，以我国大陆地区为例，现在某些所谓的“学术”，无非是对西洋学术的邯郸学步、模仿、延伸、附庸。

今天我国所谓现代学科体系、学术范式、评价标准、教育模式，其实都是西方的翻版，甚至比西方还西方。今人已不承认东方的或中国的传统中有所谓“学术”。中国有没有哲学、科学之类的问题争论了近百年。

辛亥革命、五四运动以降的中国知识人的数典忘祖，堪称世界之最。主导倾向是传统与现代的二元对立。其实现代性是多元化的。各民族前现代文明中饱含着自己民族现代性的内涵；没有明确的学科分化的文化经典中同样具有丰富的现代学术的宝藏。

我们需要反省、检讨的，还不是所谓有没有中国的特色、风格、气派的问题，因为这可以理解为来一点表面形式就可以了，即在肯定今天学科范式的基础上，撒一点胡椒面，装饰一点中国作风、中国气派而已。

西方话语方式严重肢解、曲解，乃至淹没了中华民族学术的传统。我们当然承认传统的流动性，承认明季以降西学传入中国后的新传统，但我们不同意中国传统学术的虚无主义。西学东渐以来，新学科的建设已成为新的传统。在推就之间，西方文化学术日益成为中国各学科的主流话语，有的也半中国化了。

我想提出的问题是，在今天分科细密的中国学术界，我们的文、史、哲、政、经、法等学科的专家们，需要有更多的人有这样的关怀：重视中国本土的精神文化资源中的本学科的资源、传统与灵魂，既有世界性的视域，更有根源性、内在性的思考，重建中华民族学术思想的自信，重建中华民族的学科体系。中国的经、史、子、集中，中国的地方文献中有很多珍宝，包括今天讲的社会正义、社会保障等，需要发掘与研究。更不用说今天的伦理共识与族群认同的根基，仍在经学与理学之中。我不是所谓复古主义者或“古已有之”论者，我们需要警醒的是，中国现在的社会科学、哲学与人文学，已没有什么中国性。既然如此，更谈不上去与人家对话。所谓原创性的或自主创新的东西在哪里？绝不在模仿与变种之中，而在中国内在的精神文明与制度文明之中。我们对自己文明的了解已愈来愈浅薄与片面。其实，辉煌博大的中华文明中有现代制度、心理、精神价值可资借鉴的无数宝藏。我们这一代人已经不行了，只能寄望于下一代。但我们这一代人可以做人梯，虽然古文化的修养不够，但“三个臭皮匠，顶个诸葛亮”，集合起来，各个学科都培养一些能读古书的人，也许有一些帮助。

（原载上海《社会科学报》2005 年 12 月 29 日第 4 版）

儒家的公平正义论

历史上，儒家的社会理想与制度设计多是针对当世的弊病提出，并用来批评、指导当世的；儒家思想与专制体制是有距离、有张力的。儒家和谐社会思想的一个重要内容或者基石，就是公平、公正、正义论。我们知道，没有抽象的公平正义，任何时空条件下的公平正义都是历史的、具体的。

首先是“富民”与“均富”论。孔子治国安民的主张是“庶、富、教”“富之”“教之”（《论语·子路》），庶而后富，富而后教，肯定民生，强调藏富于民，把维护老百姓的生存权与受教育权看作是为政之本。孔子所重在“民、食、丧、祭”（《尧曰》），重视百姓的吃饭与生死问题，主张如子产那样“养民也惠”，“使民也义”（《公冶长》）。孔子说：“节用而爱人，使民以时”（《学而》），即希望统治者不违农时，做到“恭、宽、信、敏、惠”（《阳货》），“因民之所利而利之，斯不亦惠而不费乎？择可劳而劳之，又谁怨？”（《尧曰》）这都是孔子“仁爱”思想与“仁政”学说的题中应有之义。孔子注意到分配正义、社会公正问题，反对贫富过于悬殊，指出：“不患寡而患不均，不患贫而患不安。盖均无贫，和无寡，安无倾”（《季氏》）。他对冉求说的这番话，是针对春秋末期季孙氏等新贵之暴富而提出的，意思是说，各诸侯或大夫，不必着急自己的财富不多，而需要顾虑的是财富分配的不均，那会导致诸侯之国与大夫之家的颠覆。若是财富平均，消灭了贫穷，境内团结、平安、和睦，不仅不会倾危，而且会有远处的人来归服于你。

孟子主张保障老百姓的财产权，他对齐宣王说：“无恒产而有恒心者，惟士为能。若民，则无恒产，因无恒心。苟无恒心，放辟邪侈，无不为已。及陷于罪，然后从而刑之，是罔民也……是故明君制民之产，必使仰足以事父母，俯足以畜妻子，乐岁终身饱，凶年免于死亡；然后驱而之善，故民之从之也轻。”（《孟子·梁惠王上》）良好的政治一定是使老百姓有产业，有收入的政治；一定要保证他们的收入所得，上足以赡养父母，下足以抚养妻小。好年成，丰衣足食；坏年成，不至于饿死。然后再诱导他们走上从善的道路。老百姓就会拥戴你，跟着你走。孟子严厉批判了战国中期的社会不公：“庖有肥肉，厩有肥马；民有饥色，野有饿莩，此率兽而食人也。”（同上）他主张“施仁政于民，省刑罚、薄税敛”（同上）。《孟子》中多处谈到老百姓“八口之家”“五亩之宅”“百亩之田”的农家生活理想。

当然，孔子和先秦儒家不是绝对的平均主义者，他们重“礼”执“礼”。“礼”是社会的公共生活规范与秩序，随时空条件不同而有不同的变化。“礼”的功能是使社会财富与权力的分配与再分配有等级，有节度，有秩序，并导之以整体和谐。荀子指出，为了避免财产与权力分配上的混乱与争斗，先王制定礼义来划分人群，使他们有贫富、贵贱的差别，但贫富、贵贱的差别一定要相称，符合中道，不能失去平衡。荀子主张的“礼”是使“贵贱有等，长幼有差，贫富轻重皆有称”（《荀子·礼论》）。“礼本于天”，“礼”的秩序源于宇宙的秩序。“天无私覆，地无私载。”秩序的价值有神圣性，同时就有抽象性、合理性、公共性、公义的内涵。这种人与人的差异性社会原则的“礼”不仅受制于“天”，而且其内在精神是“仁”。“仁”高于“礼”。荀子在肯定人的现实存在的社会性差异时，并没有忘记“公平”“正义”。综合孟子、荀子的思想，可以表达为：王者的法制，均等赋税，平正民事，裁制万物，这是用来抚养万民的。土地税，十分取一；关口和集市，只稽查坏人，而不征收税用；山林和渔场，按照时序关闭或开放，任何人都可以去，而不征收税用；依据土地的肥薄程度而征收赋税；流通财物，转运粮食，畅行无阻；犯罪的人，刑罚只及于他本人，不牵连到他的亲属。（参见《孟子·梁惠王下》与《荀子·王制》）在历史上，这些均富论与权力公平论的主张部分地变为制度，或对制度予以修正、补充，它贯穿于用人、治狱、赏罚、收入和消费等方面。

其次是养老、救济弱者、赈灾与社会保障的制度设计及其落实。《孟子》中多次指出，要保证黎民不饥不寒，五十岁以上的人有丝棉袄穿，七十岁以上的人有肉吃。关于养老制度，《礼记·王制》保留了上古“五十养于乡，六十养于国，七十养于学”的分级养老制以及行养老礼的礼俗与制度。孟子指出：鳏、寡、孤、独，“此四者，天下之穷民而无告者。文王发政施仁，必先斯四者”（《梁惠王下》）。对于这些弱者，《礼记·王制》指出，都有“常饩”，即经常性的粮食救济。对于聋、哑及肢体有残疾、障碍的人则有供养制度，“百工各以其器食之”，即由工匠用自己的技能供养他们。

荀子主张“兴孝弟，收孤寡，补贫穷，如是，则庶人安政矣”（《王制》）。战国末年，《礼记·礼运》的作者假托孔子之口，抒发了对大同之世的向往：“人不独亲其亲，不独子其子，使老有所终，壮有所用，幼有所长，矜寡孤独废疾者皆有所养，男有分，女有归。货恶其弃于地也，不必藏于己；力恶其不出于身也，不必为己。是故谋闭而不兴，盗窃乱贼而不作，故外户而不闭，是谓大同。”该篇作者认为，在小康之世，虽然“天下为家，各亲其亲，各子其子，货力为己”，但仍然需要仁、义、礼、乐来调治社会。“政必本于天”，这是儒家政治的根源性与正当性。“礼义也者，人之大端也。”“礼也者，义之实也……义者……仁之节也……仁者，义之本也”（《礼运》）这是小康之世的治世原则。礼是体现义的规范、定制；义是法则有分别的依据，是施行仁道的节度，是分限之宜、恰当、正当。

历史上的儒家知识人对此身体力行。例如，南宋朱熹在知南康和提举浙东时，努力劝农赈灾，宽恤民力，为减免贫困县的赋税和积年旧欠，多次奏请朝廷。朱子为赈荒写了数以百计的奏状、札子、榜文、布告，想了一系列办法，逼使朝中宰辅同意他的救济百姓的措施。朱子曾向孝宗面奏七札，严辞批评孝宗主政二十年的弊病：大政未举，用非其人，邪佞充塞，货赂公行，兵怨民愁，盗贼间作，哀鸿遍野，民不聊生。朱子忧心如焚，视民如伤，大修荒政，调度官粮、义仓，对富户中纳粟赈济者给予政策上的优惠，对乘机哄抬粮价、放高利贷者予以打击，抑制强宗豪右，严惩贪官污吏。他深入穷乡僻壤，拊问存恤，提出具体应对荒灾的办法，关注戢盗、捕蝗、兴修水利等事。（详见束景南：《朱熹年谱长编》）足见古代廉吏在一定程度上实践儒家“王道”“仁政”思想，在传统专制政治下，竭力减缓苛政对百姓的压榨，使民众谋得温饱。儒家政治思想中的正义原则在开明专政、温和统治时期，在制度上亦得以体现。此外，民间社会有调节性的组织与伦理。

再次是平民通过教育因任授官、参与政治的制度安排及作为村社公共生活的庠序乡校。孔子“有教无类”的思想极其重要，向民间开放教育，是打破世卿世禄制，得以“举贤才”的基础。孔子又说：“举直错诸枉，则民服；举枉错诸直，则民不服。”（《为政》）这是要把正直的人举拔在邪曲的人之上，即公正地选才用人。孟子指出：“尊贤使能，俊杰在位，则天下之士皆悦，而愿立于其朝矣。”（《公孙丑上》）荀子说：“选贤良，举笃敬。”“君人者，欲安，则莫若平政爱民矣；欲荣，则莫若隆礼敬士矣；欲立功名，则莫若尚贤使能矣。”（《王制》）“大道之行也，天下为公，选贤与能，讲信修睦”（《礼记·礼运》）的理想，在古代的教育制度与官僚制度中得到不同程度的体现。在西方前现代文明史上，等级制森严，很少有中华文明史上屡见不鲜的史实：贫苦农家子弟，由布衣而走上政治，甚至参与最高政治，位列“三公”，即所谓“朝为田舍郎，暮登天子堂”。中国史上有一种机制，保证平民参政。选考制、九品中正制与科举制等都有弊病，但从总体上看，这些制度贯穿了机会平等的原则，是中国文官制的依托。这其实是公民权利意识、民权、民选的萌芽。

值得注意的是，农家子弟读书受到了村社、宗族公田所得的资助。从杨宽的《西周史》、吕思勉的《燕石续札》等书可知，庠、序、校是村社成员公共集会的活动场所（包括前述的行养老礼）。从郑子产不毁乡校到何心隐的社会基层组织“聚和堂”，再到黄宗羲的以学校为议政之所与议会之初步，均是中国政治平等与民主的重要资源。公共生活中，必有个人与群体的权力界限的规定。吕氏乡约、朱子家礼中都有契约精神与公民社会之初步，是文明化的体现。

最后是防止公权力滥用的思想。中国传统政治哲学的根本经典《尚书·洪范》中指出，三德以正直为主，有刚有柔，求得刚柔互济的中正平和。其大中至正的标准为：“无偏无陂（颇），遵王之义……无偏无党，王道荡荡；无党无偏，王道平平；无反无侧，王道正直；会其有极，归其有极。”孔子说：“政者，正也”（《颜渊》）；“居敬而行简，以临其民”，“博施于民而能济众”（《雍也》）；“仁者安仁，知者利仁”（《里仁》）；“修己以敬”，“修己以安人”，“修己以安百姓”（《宪问》）；“先之劳之”，“无倦”（《子路》）；“老者安之，朋友信之，少者怀之”（《公冶长》）；等等。孔子强调“庄以莅之”（《卫灵公》），动之以礼，即以严肃庄敬的态度尊重百姓，合理合法地动员百姓。他提出五种美政：“惠而不费，劳而不怨，欲而不贪，泰而不骄，威而不猛”，“君子无众寡，无小大，无敢慢”（《尧曰》），反对以傲慢的态度对待人民，滥用权力，任意扰民，践踏民意，不顾民生。他还提出以“敬”的态度谨慎地使用公共权力的问题，以安民济众、百姓平安为根本目的。孟子说：“穷则独善其身，达则兼善天下”（《尽心上》），亦含有公民权利的意识。在我国古代制度上，有监察制与考试制，甚为近代政治家孙中山先生所重视。

儒家民本思想是具体的，有丰富内涵的。以上所说的公平正义思想，可以作现代转化的精神资源，值得我们珍视与尊重。

（原载《光明日报》2006 年 2 月 28 日第 12 版）

再论儒家的政治哲学及其正义论

儒家有没有政治哲学，有没有关于政治正义的看法？可不可以用今天的政治正义学说来诠释传统儒家的观念？我们的回答是肯定的。笔者近年来特别关注儒家政治哲学、儒家与自由主义的对话问题，已有几篇拙文讨论过儒家的正义论[①]，本文在此基础上进一步申论之。

笔者承认传统政治与现代政治有质的差别，其根本差别在于人权，即个体人是否享有政治自由与独立的政治权利。现代政治来源于西方政治，现代西方自由主义政治学的基础是自由理性主

---

① 详见郭齐勇：《儒家的公平正义论》，《光明日报》2006年2月28日理论版。郭齐勇：《孟子与儒家的正义论》，《儒林》（第三辑），山东大学出版社，2006年。郭齐勇：《先秦儒家论公私与正义》，载郭齐勇主编《儒家文化研究》（第二辑），生活·读书·新知三联书店，2008年。郭齐勇：《先秦儒学关于社会正义的诉求》，《解放日报》2009年1月11日理论版。郭齐勇：《〈周礼·地官司徒〉、〈礼记·王制〉中有关社会公正的论述》，载蔡方鹿主编《经学与中国哲学》，华东师范大学出版社，2009年6月。我把以上一组论文作为初论，本文即为再论。

义、原子式个人主义（中性的）与社会契约论等，[①] 而前现代的政治学说则与此不同，那是时代的限制。

我们应如何看待中国古代政治思想、学说与制度及实践中的若干问题呢？我的看法是：第一，不妨以西方政治哲学中的理念为参照系去透视、反观中国传统政治文化资源，发掘其中可以与今天的民主政治相接殖与会通的因素，把这些因素调动出来为今天的中国政治改革所用；第二，进一步发现中国传统所有，而西方现代所无的优秀政治文化的观念、智慧、方略、制度架构、机制及民间土壤等，并予以创造性转化。

一、从两种平等观、两条正义原则来看儒家

笔者较为系统地研究过孔子、孟子、《周礼》与《礼记》若干篇目中的政治思想，发掘了其中所涉及的“实质正义”的若干内容。

从孔子的政治哲学来看，他肯定、尊重老百姓的生存权与私利，强调民生问题，并以之谓为“公”；他不反对私利，但反对以

---

① 顾肃在讨论自由主义的理论基础时指出，自由理性主义、个人主义、社会契约论、功利主义、道德多元主义是最为重要的。他说，罗尔斯总结的自由主义的基本原则是：自决原则、最大限度的平等自由、多元主义、中立性、善的原则、正当对善的优先性等。他总结斯皮兹临终遗言关于自由主义基本原则的十条时说：“简言之，自由主义把自由价值置于其他价值之上，强调尊重人，不可轻信权力和权威，坚持宽容和民主政治，接受真理、理性和社会变迁，但也要学会妥协和保持批判精神。这些可谓自由主义之精华所在。”见顾肃：《自由主义基本理念》，中央编译出版社，2003 年，第 3—4 页。

权谋私；针对世卿世禄的制度，他主张从民间“举贤才”与“有教无类”，开放教育与政治，此即机会公平与公共权力向民间敞开的大事，也即肯定民众的受教育权与参与政治的权利；他强调责任伦理、信用品性、廉洁奉公，乃作为对为政者、士大夫在公共事务中的道德要求；他有关君臣的权责之相互的要求，含有政治分工与制约的萌芽；他提倡中正平和的治政理念。

关于孟子的政治哲学：首先，涉及生存权、财产权的“制民恒产”论及土地、赋税、商业政策之平等观；其次，涉及养老、救济弱者、赈灾与社会保障的制度设计；再次，涉及教育公平，平民参与政治的制度安排及作为村社公共生活的庠序乡校；最后，涉及尊重民意、察举，官守、言责与官员自律，防止公权力滥用的思想及革命论。

《周礼·地官司徒》《礼记·王制》中有关社会公正的论述，涉及的内容很广，包括荒政，对灾民的赈济及赈济制度化；养老恤孤扶弱的制度安排；颁职事及居处、土地、赋税、商业之制度与政策；选贤与能的主张与制度诉求；以德教为主，强调刑罚的慎重与刑罚的程序化，隐私与私人领域的保护问题；等等。

儒家善于继承前朝的典章制度，并与时推移，加以适当的因革损益，使之合于当世，便于应用。其伦常之道，有助于社会的秩序化、和谐化、规范化，其生聚教训之策，更足以内裕民生而外服四夷。内裕民生应视为安邦之本。儒家讲礼乐伦理教化，虽在实行时会打一些折扣，但大体上与民众的稳定和平、淳化风俗的要求相适合。社会要繁荣发展，秩序化、和谐化是基本的要求。礼教使社会秩序化，乐教使社会和谐化。在分配经济资源，在财产与权力的再分配过程中，儒家满足人民的一个基本公正合理的要求，强调民生，制民恒产，主张惠民、富民、教民，缩小贫富差距，对社会弱者、老弱病残、鳏寡孤独和灾民予以保护。其推行的文官制度、教育制度，为平民、为农家子弟提供了受教育及参与政治的机会。这个文官制度，就成了我们的一个国本，它使得历代各级政治有了新鲜血液，有了民间基层人士的参与。这种制度的建构本身，是儒家理念促成的。这个制度文明背后的理念，是维系人心、协调社会人心的以“仁爱”为核心的价值系统。

笔者认为，中国传统的政治文明中（包含观念、制度、实践、民俗诸层面）的许多遗产，值得人们认真地去思考，尤其是应放在具体历史环境中去考察，真正体会到古人的用心，其中不乏与西方自由主义相沟通的要素。亚里士多德认为，人们一般将两种不同的权利（利益）分配原则简称为“应得”和“配得”原则；也有人将以公共利益为依归的正义称为广义的、普遍的正义或政治上的正义，将两种具体的权利（利益）分配原则称为狭义的正义。以西方政治正义论来看儒家，例如以此为参照来认识儒家的公私观、公义论，则不难看到，不仅孔孟儒家关于利益（权利）的分配应根据人的德性、才能和贡献而有等级之别（德、才、位、禄、用相称）的思想，与亚里士多德的“配得”观念或“分配的正义”观具有很强的内在相通性，而且当孔子提出“有教无类”，主张尊重一切人的生命权和幸福权时，其实在一定意义上也蕴涵着亚里士多德的第一种正义观的含义。

罗尔斯关于正义的两个基本原则：第一个原则被称为自由原则或平等自由原则，意味着每个人在包括政治自由、言论集会自由、良心思想自由、个人人身自由与财产权等在内的基本自由权利方面乃是一律平等的；第二个原则包含机会平等原则与差别原则，即机会与利益的分配不仅应该惠及每一个人，而且应该在规则上最有利于不利者。如果以此来看，儒家力图通过礼义教化和规范来防止社会分配的严重不均，维护、保障老幼鳏寡孤独等贫弱者的利益的思想以及“荒政”中对灾民的救济等，则与罗尔斯正义观中关于应该有利于社会的最少受惠者的最大利益的主张，不无契合之处；而孔子“有教无类”等思想，及作为儒家文化重要体现和成果的文官制、科举制等，与罗尔斯的第二个正义原则中所提出的在机会公平均等的条件下，权力和地位向所有人开放的要求更有着强烈的共鸣。[①] 儒家的理念及由儒家推动的制度安排中，有大量的与之相会通的因素，似不可轻忽放过。

以上的详细论证见本文的第一、第三两个注释中所列之拙作，兹不赘述。以下笔者则从较广泛的范围，讨论儒家政治哲学的一般问题，这些都与正义论相关联。

二、儒家论政治权力的源头、合法性、分配与制衡

今天，我们讲的政治正义问题，首先是政治权力的来源、政

① 郭齐勇：《中国儒学之精神》，复旦大学出版社，2009 年，第 139—167 页。又，姚大志在《从〈正义论〉到〈作为公平的正义——正义新论〉》中指出，罗尔斯更强调平等的价值。罗氏认为，最大的平等是对处于社会底层，拥有最少的权力、机会、收入与财富的人，即“最不利者”的帮助。“一种正义的社会制度，应该通过各种制度性安排来改善这些‘最不利者’的处境，增加他们的希望，缩小他们与其他人之间的差距。这样，如果一种社会安排出于某种原因不得不产生某种不平等，那么它只有最大程度地有助于最不利者群体的利益，它才能是正义的。”见［美］约翰·罗尔斯著、姚大志译：《作为公平的正义——正义新论》，上海三联书店，2002 年，第 447 页。

权合法性的基础、权力的分配与再分配、制度架构中的权力制衡等，这都是现代论域中的问题。假如我们平实地考察儒家传统，亦不难看到其中有一些独特的智慧，实涉及以上诸方面。儒家经典五经中保留了中国文化源头的若干史料，其中有未经分化的、作为宗教、政治、伦理、教育之本的若干内容。在一定意义上，五经是中国政治、教育之本。

“天”“昊天”“上帝”“帝”“天命”是夏、商、周三代的王权政治合法性的来源与根据。从《尚书·舜典》的资料中，我们不难看到，舜在接替尧担任首领时，主持了庄严肃穆的宗教仪式，首先祭祀“上帝”天神，然后祭祀其他自然神灵。这种虔敬的宗教仪式也是舜在政治、军事上取得统治的合法性的象征。夏禹征服三苗，夏启讨伐有扈氏，都是假天与天神的命令为根据的。

有扈氏威侮五行，怠弃三正，天用剿绝其命。今予惟恭行天之罚。……用命，赏于祖；弗用命，戮于社。(《尚书·甘誓》)

商汤在讨灭夏桀的动员会上发表誓词：

格尔众庶，悉听朕言。非台小子，敢行称乱，有夏多罪，天命殛之……夏氏有罪，予畏上帝，不敢不正。(《尚书·汤誓》)

足见殷商继承了夏代的“天神”崇拜观，也继承了以“天命”神权作为政治合法性根据的做法。

在盘庚迁都的几个文诰中，我们已经能感受到道德性的诉求。“呜呼！古我前后，罔不惟民之承保，后胥戚鲜，以不浮于天时。殷降大虐。先王不怀厥攸作，视民利用迁。”(《尚书·盘庚中》)“今我民用荡析离居，罔有定极。尔谓朕曷震动万民以迁？肆上帝将复我高祖之德，乱越我家。朕及笃敬，恭承民命，用永地于新邑。”(《尚书·盘庚下》)盘庚说，从前我的先王没有不尽心爱护人民的，臣民也互相体谅，无不顺从天意行事。以前上天降灾给殷，先王不敢留恋旧都，为保护人民的利益而迁都。又说，我们遇到大水灾，人民没有安居之处。我为什么要兴师动众迁都呢？上帝降大灾，是叫我们迁到新都，恢复高祖的事业，兴隆我们的国家。我很诚恳小心地顺着上帝的命令去办事，我很尽心地去拯救人民。在盘庚的这些训诫中，已包含了尊重民意、民利和当政者的笃诚敬业精神，有了一点点人文主义的萌芽。

及至周代，作为附属国的小邦，周取代大殷商，其政治的合法性仍以上帝、天神之命为根据。周武王死后，成王年幼，周公代行王政，在讨伐三监和武庚等的叛乱时，曾以《大诰》布告天下，政治动员仍然用夏、商的老办法：

已！予惟小子，不敢替上帝命。天休于宁王，兴我小邦周。宁王惟卜用，克绥受兹命。今天其相民，矧亦惟卜用。呜呼！天明畏，弼我丕丕基！（《尚书·大诰》）

在殷周之际的革命中，较之夏殷两代的主政者，周公等人的观念发生了一定的变化，即把“以祖配天”发展成“以德配天”，把血缘性的祖宗崇拜发展为政治与道德性的祖宗崇拜，把外在性的天神崇拜，逐渐内在化、道德化。这些变化对整个中国哲学思想史的走向起了决定性的作用。这也是儒家之所本。

周初人进一步有了人文的自觉。这种自觉源于他们以小邦而承受大命，又面临内外部的叛乱，总结夏殷两代的“天命”得而复失的教训，不能不有一种忧患意识。强大的夏、殷王朝分别在桀、纣手中一朝败亡，说明“天命”是可以转移、变更的。周公在《多方》中指出，作为“民主”（民之主）的君王，由天与天命选定，但由天授命的“民主”是可以改易的，主要看君王的行为；在《多士》中，大谈“革命”的理论，殷革夏命，周革殷命；在《康诰》中，告诫康叔“惟命不于常”，命是可以更改的，关键是主政者要“明德”“敬德”。他指出，文王能够“明德慎罚”，即修明自己的德行，小心谨慎地处理刑罚事务，不敢欺侮鳏寡孤独，勤恳、诚敬、审慎、敬畏，任用、尊重贤人，惩罚坏人，其德行在人民中非常显著，上帝知道了，降给他灭殷的大任。在《召诰》中，周公指出，“我不可不监于有夏，亦不可不监于有殷”。夏殷灭亡的教训是“不敬厥德，乃早坠厥命”，因而“皇天上帝，改厥元子兹大国殷之命”。夏、殷违背了天道，因而丧失了天命。周公告诫成王“不可不敬德”，“王其疾敬德。王其德之用，祈天永命”。周人把天神与鬼神作为人间政治与道德的立法者、评判者，使人们崇拜的对象有了可以认识的内容，在宗教神学里加入了尽人事的理性活动。他们改造夏殷两代的王权神授论，不仅创造天子说，假天神权威为王权的合理性作论证，而且创造天命转移论，假天神权威对君主的权力做出一定的限制和道德的约束，又赋予君主不仅治理人民，而且教化人民的双重责任。

周初人认识到“天命靡常”（《诗经·大雅·文王》），“皇天无亲，惟德是辅”（《左传·僖公五年》引《周书》）；“天惟时求民主”，人主只有敬慎其德，治理好国家，“保享于民”才能“享天之命”（《尚书·多方》）。徐复观指出：周初人的“敬”“敬德”“明德”的观念，是一种充满责任感的忧患意识，从把责任、信心交给神转而为自我担当。“如临深渊，如履薄冰”，这种由警惕性而来，精神敛抑集中，对政务、事业的谨慎、认真，对自己的行为负责的心理状态，不同于宗教的虔诚。这不是消解主体性，而是自觉、主动、反省地凸显主体的积极性与理性作用。这是中国人文精神最早的表现，是以“敬”为动力的、具有道德性格的人文主义或人文精神。[①]

周公提出的“敬德保民”“敬德安民”等一系列人道主义的思想是非常深刻的，在社会实践中起过一些作用。从考古发掘来看，周代与殷代很大的不同，是人殉与人牲的现象大大减少。周初的统治者已认识到人民的生命、生活与人民的意志、意向的重要性，并将其抬高到与天命同等的地位，要求统治者应通过人民生活去了解天命。也就是说，天意是通过民意来表现的，王者要以民为镜，从民情中去把握天命。这就是“天视自我民视，天听自我民听”（《孟子》引《泰誓》）；“民之所欲，天必从之”（《左传·襄公三十一年》引《泰誓》）；“古人有言曰：人无于水监，当于民监”（《尚书·酒诰》）。

周公制礼作乐，有一系列经济政治制度的建构。中国史不同于欧洲史，既没有古代希腊、罗马那样典型的奴隶制，也没有经历过像欧洲中世纪那样的领主封建制，而是从井田制的生产方式发展为小农经济以及地主经济的生产方式。西周的井田制，是贵族占有村社的土地制度，即有共同耕作的“公田”，“公田”的收入用于祭祀和公益事业。又有一夫受田百亩等。井田制基础上古代村社组织有十、百家，或称邑、里，或称“社”与“村社”，最初村社中管理公务的领袖，是由选举产生的三老、啬夫等。古代村社的公共生活在庠、序、校等公共建筑中进行，这就是议政、集会与活动的场所，以后变成古代的学校。祭社和祭腊是最热闹的群众性活动。[②]西周初期的宗法制度，其要点是立子立嫡（嫡

---

① 徐复观：《中国人性论史》（先秦篇），商务印书馆，1987 年，第 20—25 页。

② 杨宽：《西周史》，上海人民出版社，第 185—204 页。

长子继承）之制、封建（封邦建国）子弟之制、庙数（即宗庙祭祀）之制和同姓不婚之制。这些制度殷代也都实行过，不过周初以此纲纪天下，成为根本大法，按大宗与小宗、血亲与姻亲的关系确立远近亲疏的名分等级，解决权力与财产的分配与再分配问题，以祖宗崇拜、宗法关系来维系其统治。

与上述诸制度相关联的道德的内容，即尊尊、亲亲、贤贤、男女有别等。从《康诰》表达的周人的道德思想中，可知当时特别强调“孝”与“友”，已有了“父慈”“子孝”“兄友”“弟恭”的内容。其所强调的上天赋予的“民彝”，即老百姓的内在的法则，是趋向“孝”“友”等的道德。与孝、友等道德规范不合，则需要强制性的刑、罚。这也就开始了我国历史上统治者长期提倡的“德主刑辅”的治理社会之方略，不过当时并没有明确地这么提。

如前所述，昊天上帝崇拜和祖宗崇拜的逐渐结合，从“以祖配天”到“以德配天”的觉醒，是三代宗教、政治、伦理发展的趋势。那个时候，宗教、政治、伦理是密切结合在一起的“礼”。夏、殷、周的“礼”有其继承性和变革性。殷周之际的变革，使传统天命论得到新生，增加了敬德保民、努力人事、谨慎尽责的内容，把民意提升到天命的高度，因之给中国早期人文精神打上了道德的自主性和内在性的烙印。

中国政治的根源即在于此，无此则无我们上一节谈到的儒家的公平正义观。

中西政治文化的传统不同，胡秋原认为，乃定型于两汉与罗马帝国。中国之所以为中国，汉儒对礼与法的解决，实有决定的影响。罗马族类复杂，阶级制度很严，其领土扩大很多，方法靠武力征服，目的则在于经济特权。“罗马之扩张，是由许多武人带兵各自去开疆拓土的，他们随意在殖民地征税，即以其财富武力，回国争权……逐渐形成军人干政乃至专政之局……罗马‘将军政府’及其法律，实在比秦还坏，亦终不免于灭亡……武力征服在中国历史上素不占重要地位。除乱世以外，军人干政之局是很少的。”① 汉代文治政府的建立，在当时及尔后很长一段时间的世界文明史上，都是无人企及的典范，这是儒家的功劳。

古代礼乐刑政的配置，礼乐是文化，有价值。“礼”是带有宗教性、道德性的生活规范。在“礼”这种伦理秩序中，亦包含了一定的人道精神、道德价值。荀子推崇“礼”为“道德之极”“治辨之极”“人道之极”，因为“礼”的目的是使贵者受敬，老者受孝，长者受悌，幼者得到慈爱，贱者得到恩惠。在贵贱有等的礼制秩序中，含有敬、孝、悌、慈、惠诸德，以及弱者、弱小势力的保护问题。“夫礼者，自卑而尊人，虽负贩者，必有尊也，而况富贵乎？富贵而知好礼，则不骄不淫；贫贱而知好礼，则志不慑。”（《礼记·曲礼上》）孔子批评有的为政者对百姓“动之不以礼”，强调爱惜民力，“使民也义”，“节用而爱人，使民以时”。这里又提到对负贩、贫贱等弱者的尊重和对等的施报关系。过去我们对“礼不下庶人”的理解有误，据清代人孙希旦的注释，“礼不下庶人”说的是不为庶人制礼，而不是说对庶人不以礼或庶人无礼制可行。古时制礼，自士以上，如冠礼、婚礼、相见礼等都是士礼，庶人则参照士礼而行，婚丧葬祭的标准可以降低，在节文与仪物诸方面量力而行。

胡秋原说，汉初政府大体无为，没有大的问题。宣帝时，研究仪礼的后苍曾有“推士礼而致于天子”之说。“明堂和推致之

---

① 胡秋原：《古代中国文化与中国知识分子》，学术出版社，1988 年，第 459 页。

说，都有民主意义。前者是议而后治，后者视天子亦士耳。”[1]汉式政治是以皇帝意志为政、神意为政、民意为政三种政治的折衷。儒家对礼乐的鼓吹，《周礼》的研究，虽未成功，“然而汉儒做到了几件事情：（一）遏止了秦式刑法政治；（二）建立了汉代平民参政政治，相对限制了皇权，亦即维护了民权；（三）秦代以来杂祀并兴，汉初方士参加制礼，益使人神杂糅；自西汉之末至东汉大为整饬，使祭祀合理化；（四）不断批评秦法，使刑法人道化；（五）儒家伦理观念普及；（六）郑玄等以礼并法，自此有‘礼法’之称，并开后来制度之学（唐人仿周礼定六典，至明清六部犹仿《周官》）；自庄子至两汉，《春秋》为经世之书，此后礼学成了经世之学大宗了（如曾国藩所云）；（七）随家族制度之巩固，士礼复兴，至六朝大盛”[2]。

秦政之后，儒家与政府不断地斗争与联合，代表平民利益的儒家的政治诉求不断被吸纳到国家制度法典之中，董仲舒起了很大的作用，而从《盐铁论》到《白虎通》则代表了这一过程。汉代以后的礼制保留了相当大的民间空间，为汉代及日后的开明专政起了一定的保障作用。

儒家在实际上减轻了传统社会专制统治者对百姓剥削的残酷性。而由儒家推动、建构的君相制、三省六部制，一直到谏议制、监察制、回避制以及一系列整饬官德吏制的方法，至今仍有意义。余英时指出：关于君权相权，在宋代，王安石把相权扩大了，而

---

① 胡秋原：《古代中国文化与中国知识分子》，学术出版社，1988 年，第 462 页。

② 胡秋原：《古代中国文化与中国知识分子》，学术出版社，1988 年，第 463—464 页。

从监察御史刘黻论度宗“内批”不合法来看，皇权并非无限制；在唐宋制度上，“君权的‘枢机’是出令，但这个‘令’从‘参试’‘封驳’到‘施行’却属于三省，也只有经过这层层的程序，皇帝的‘令’才取得合法性。但总领三省的职权则属于宰相”。“可见君权、相权的分际与运作程序在宋代确有客观的标准。否则朱、刘（郭按，指朱熹、刘黻）两人上书皇帝，相去七十三年，何能吻合至此，而宁宗、度宗又未见有一字之驳斥乎？朱熹（郭按，指绍熙五年朱子的《经筵留身面陈四事札子》）一则曰人主与百官‘各有职业，不可相侵’，再则曰：皇帝‘独断’即使‘有当于理’也‘非为治之体’。这两句话尤其锋芒毕露，已达到了传统体制下批判皇帝专制（‘独断’）的极限。细玩其语气，朱熹似乎一方面承认治天下的权源（‘制命’）属于皇帝，但另一方面又强调‘百执事’的职权（统称为‘相权’）有其相对的自主性，虽‘人主’也‘不可相侵’。不但如此，即使是从权源处发出来的‘制命’，最后仍当由‘大臣’（丞相、参知政事、知枢密院）和‘给舍’（门下给事中、中书舍人）反复讨论，‘以求公议之所在’。这段话可以看作朱熹用制度的语言来描述宋代皇帝和士大夫‘同治天下’的格局。在这一描述下，‘君尊臣卑’的距离显然已大为缩短了。必须指出：制度语言与理想语言不同，因为制度是现行的，当时正在运作之中；违制虽不可免，但终属例外。所以，我们不能把朱熹的话误读为完全脱离实际的空言。”[①] 中国古代的官制是十分丰富的宝藏，不乏对权力的制衡与监督等制度的建构。

---

① 余英时：《朱熹的历史世界：宋代士大夫政治文化的研究》（上），生活·读书·新知三联书店，2004年，第233—234页。

三、儒家与社会自治、士大夫参政及言路开放

传统中国是儒家式的社会，是“小政府大社会”的典型。传统中国的社会管道、中间组织很多，例如以宗族、家族、乡约、义庄、帮会、行会（到近代转化为商、农、工会）等为载体，以民间礼仪、节日与婚丧祭祀活动，村社活动，学校、书院讲学活动，士农工商的交往等为契机，在一定意义上就是社会自治、地方自治的。[①]从某种意义上说，传统社会的空间比 20 世纪 50 年代之后的社会空间大得多。传统中国绝非由政府包打天下，而主要靠血缘性的自然团体及其扩大化的社会各团体来治理社会，这些团体自身就是民间力量，它们也保护了民间社会与民间力量，包含家庭及私人空间。它们往往与政权力量相抗衡又相协调，在平衡政权力量的同时，又起到政权力量所起不到的多重作用，如抑制豪强，协调贫富，保障小民生存权，教化民众，化民成俗，安顿社会人心等，又起到慈善机构的作用，扶助、救济贫弱，支持农家、平民子弟接受教育、走上仕途等，乃至对抗专制政府的恶法与法家以国家权力破坏亲情及私人领域的若干做法。[②]

---

① 干春松在《制度化儒家及其解体》（中国人民大学出版社，2003 年）一书的前两章集中讨论了“儒家的制度化和制度的儒家化”，详论礼法制度的背景、基础与内涵，其中有关皇权、绅权、地方权力的关系，以及学校制度、选举制度的讨论极富启发性。干先生在《制度儒学》（上海人民出版社，2006 年）一书中又有进一步的探讨。

② 郭齐勇主编《儒家伦理争鸣集——以“亲亲互隐”为中心》，湖北教育出版社，2004 年。郭齐勇：《亲亲互隐观念、亲属容隐制度在古代及现代的意义》，载郭齐勇：《中国哲学智慧的探索》，中华书局，2008 年。

儒家强调知识分子在社会政治中的指导作用，甚至提出士大夫与皇帝共治天下的主张。除为直接参政而抗争之外，儒家有其言责，批判与主动建言，为广开言路而抗争。传统社会中儒家的政治参与和批评，绝非摆设，亦非无关痛痒。

徐复观最重视知识分子的问题。他指出："传统的、很严正的中国知识分子，在人生上总是采取'忧以天下，乐以天下'的态度。齐家、治国、平天下，在中国知识分子的人生观中，认为这是修身所要达到的目的；亦即是认为家、国、天下与自己之一身，有不可分的关系，因而对之负有连带的责任感。"① 徐复观又说："从文化理想上塑造中国知识分子性格的，很粗略地说，有两大重要因素：一是儒道两家'为人民而政治'的政治思想。由此一思想所建立的政治主权的理想，其归结必然是'天下为公'。二是儒家有'大众实践性'的'中庸'思想，道家则有避免与大众冲突的'恬淡'思想；二者后来常互相结合，以形成知识分子处人处世的人生观。"② 徐复观很重视主权在民的思想。

余英时说："根据西方学术界的一般理解，所谓'知识分子'，除了献身于专业工作以外，同时还必须深切地关怀着国家、社会以至世界上一切有关公共利害之事，而且这种关怀又必须是超越于个人（包括个人所属的小团体）的私利之上的。所以有人指出，

---

① 徐复观：《在非常变局下中国知识分子的悲剧命运》，载徐复观等著、周阳山编：《知识分子与中国》，时报文化出版企业有限公司，1980 年，第 71 页。

② 徐复观：《在非常变局下中国知识分子的悲剧命运》，载徐复观等著、周阳山编：《知识分子与中国》，时报文化出版企业有限公司，1980 年，第 71—72 页。

‘知识分子’事实上具有一种宗教承当的精神。熟悉中国文化史的人不难看出：西方学人所刻画的‘知识分子’的基本性格竟和中国的‘士’极为相似……‘士’作为一个承担着文化使命的特殊阶层，自始便在中国史上发挥着‘知识分子’的功用。”[①]余英时有多种论著讨论知识分子、士与中国文化问题，对汉代、宋代的知识人有深入的研究。

余英时追根溯源，指出：“孔子来自中国文化的独特传统，代表‘士’的原型。他有重‘理性’的一面，但并非‘静观冥想’的哲学家；他也负有宗教性的使命感，但又与承‘上帝’旨意以救世的教主不同。就其兼具两重性格而言，中国的‘士’毋宁更近于西方近代的‘知识分子’。”[②]

杜维明也讨论了俄罗斯、西欧各国与美国的知识分子的定义及特色，例如与政治运作所要求的权力结构保持距离，抗议已成为知识分子精神中的一种典型品格，而在现实性上根据一定时空条件可能演变、体现为增进市民社会（美）、社会批评（英）、文化反省（法）、民族一体化（德），或直指政治上层建筑（俄）。

杜维明进而认为，东亚读书人的理想，为讨论公共领域内的知识分子理想提供了一种更有价值的参考。“在儒家传统中，关心政治、参与社会及对文化的关注，是读书人最鲜明的特征。中国的‘士大夫’、日本的‘武士’以及朝鲜的‘两班’（包括文官与武官），他们不仅仅致力于自身的修养，而且担负着齐家、治国乃至平天下的重任。一句话，他们身处其位，就具有凭其权力与声望维护社会秩序的责任。他们都具有这样一个信念，即要改

---

① 余英时：《士与中国文化》，上海人民出版社，1987年，自序第2—3页。

② 余英时：《士与中国文化》，上海人民出版社，1987年，自序第8页。

善人类的生活条件并且更有效地实现太平与繁庶的大同理想。”[①]也就是说，东亚传统的书生、君子、士人与西方知识分子不仅基本相同，而且有自身的特色。

在一定的意义上，皇权与知识分子儒生的关系常常出现拉锯战，知识分子儒生代表老百姓的诉求，反映人民心声，伸张人民权益。胡秋原举汉初知识分子的奋力抗争，指出刘邦集团并不尊重知识分子，唯懔于秦亡教训，多少能接受忠告，这才使其政权渐次安定，而知识分子的势力也逐渐壮大，终有儒家之勃起。胡秋原肯定陆贾、贾谊、贾山的批判与指导，指出贾山力图恢复古代言论自由政治公议之制。《汉书·贾山传》:“古者，圣王之制，史在前书过失，工诵箴谏，瞽诵诗谏，公卿比谏，士传言谏，庶人谤于道，商旅议于市，然后君得闻其过失也。闻其过失而改之，见义而从之，所以永有天下也……养三老于大学……举贤以自辅弼，求修正之士使直谏之……秦政力并万国……地夺于刘氏者……秦王贪狼暴虐，残贼天下，穷困万民，以适其欲也……退诽谤之人，杀直谏之士，是以道谀偷合苟容……天下已溃而莫之告也。”“定明堂，造太学，修先王之道。”胡秋原引用以上材料后指出：“汉人所谓明堂太学，确有将此一古制，变为一种议会政治的意思。”[②]

汉代刘邦及以后，皇室“不断下诏求贤，广谏诤之路，除挟书之禁，去诽谤之法，开献书之路，政治渐趋温和。这是知识分子鼓吹的结果，而这亦有利于文化之流传和儒家势力之扩大……

---

① 郭齐勇、郑文龙编:《杜维明文集》第五卷，武汉出版社，2002 年，第 601 页。

② 胡秋原:《古代中国文化与中国知识分子》，学术出版社，1988 年，第 320 页。

文景之际，儒生已以一新兴势力，在各方面抬头，并成为一种道义的精神的力量……景武之际，新贵族业已没落，他们必须依赖知识分子来出主意和撑场面了。事实上，当时新知识分子——儒家已经在精神上征服中国。儒家潜势力已经布满社会。其时儒学大师是申公，弟子千余人。儒家学说，亦已普及社会。原来研究法术的晁错也研究书经，狱吏之公孙弘，佣工之兒宽，都研究‘经学’。由此可知，汉代之儒是由在野崛起的，而且声势日益浩大了。知识分子不仅有知识而且是一现实的势力。这便是内外问题日趋紧迫的汉廷，不能不以国家‘养士’的方式，寻求知识分子合作的主要背景”[①]。

徐复观认为，知识分子与政治的关系，唐宋以前与以后有很大的区别。以汉代为例，前汉从贤良方面得的人才比较多，后汉从孝廉方面得的人才比较多。其中透露出来的历史意义是：士人的仕途，不是出于士人对政治的趋附莽竞，可以养士人的廉耻；士人的科别行能，出于乡曲的清议，是社会与政府共人事进退之权，无异于政府把人事权公之于社会，不仅使士人不能脱离社会，而且含有民主的意义，调剂了大一统的专制气氛；士人要取得乡曲的称誉，必须砥砺品节，士人砥砺品节，又可激励乡曲。“所以中国文化的精神，不仅通过辟举的标准而使其在士人身上生根，并且可由此而下被于社会，深入于社会……而乡下儒生，一旦举荐登朝，即可慷慨与朝贵辩论国家大政……所以‘直言极谏’，便始终成为两汉取士的另一重要科目……这不仅在政治上可以通天下之情，而且也可以把皇帝的地位向社会抑平，以伸张士人的

① 胡秋原：《古代中国文化与中国知识分子》，学术出版社，1988 年，第 321—322 页。

气概。因此，汉代的选举制度虽有流弊，但其所表现的基本精神，则确是趋向真正民主的这一条路上。大体说，这是中国知识分子和政治关系最为合理的时代，也是中国文化成就最大的时代。”①

从以上有关秦汉史，特别是汉代政法史的讨论中，我们可知胡秋原是从汉世朝野总结秦亡教训，士人代表民意参与政治，改善政治环境，与皇室共治天下的政治制度、教育与文官制度的建构上考察知识分子的问题的。中国政治制度文明的传统，是儒家知识人积极建设的，其中皇权、地方权势与知识人的张力是明显的。

徐复观说：“民主政治是政府少管事的无为政治。政府少管事，社会和人便可以不受干涉地多管事。中国过去的专制政治，其由中枢的权力点去控制社会的力量颇弱，且因德治仁政等观念，亦反对于社会的控制，这确与欧洲历史的王权专制，有其不同。但千余年中的科举制度，在形式上与精神上的控制士人，折磨士人，糟蹋士人，则可谓无微不至；科举下一般士人的品质，实在比农民差得多……首先要使士人从政治上得到解放，以完成士人性格上的彻底转变。这并不是说要知识分子脱离政治，而是说知识分子应立足于社会之上，立足于自己的知识之上，人格之上，以左右政治；而再不由政治权力来左右知识分子的人格和知识。”② 徐复观对科举制的批判，甚为严苛。

---

① 徐复观：《中国知识分子的历史性格及其历史的命运》，载徐复观等著、周阳山编：《知识分子与中国》，时报文化出版企业有限公司，1980 年，第 207—208 页。

② 徐复观：《中国知识分子的历史性格及其历史的命运》，载徐复观等著、周阳山编：《知识分子与中国》，时报文化出版企业有限公司，1980 年，第 218 页。

余英时认为，关于士大夫与君王共治天下，宋代知识人尤为自觉。余英时缜密地讨论了宋代士大夫的政治文化，认为宋代的士不但以文化主体自居，而且也发展了高度的政治主体的意识。理学家们以各种方式抑制君权，伸张士权，在君民、公私论上有似于西方契约说。他从政治文化的角度系统而全面地检讨了道学（或理学）的起源、形成、演变及性质，将理学放回到它原有的历史脉络中重新加以认识。余英时指出，吕大钧兄弟建立的“乡约”、范仲淹首创的“义庄”，“同是地方性的制度，也同具有以‘礼’化‘俗’的功能。它们同时出现在 11 世纪中叶，表示士大夫已明确地认识到：‘治天下’必须从建立稳定的地方制度开始。……这本是儒家的老传统，即所谓‘儒者在本朝则美政，在下位则美俗’（《荀子·儒效》）。但北宋士大夫所面对的是一个转变了的社会结构，他们不得不设计新的制度来重建儒家秩序，无论是王安石的‘新法’、吕氏‘乡约’或范氏‘义庄’，虽有全国性与地方性之异，都应作如是观”。“与皇帝‘同治’或‘共治’天下是宋代儒家士大夫始终坚持的一项原则。熙宁三年神宗正式接受了‘共定国是’的观念，则象征着皇权方面对这一基本原则的认可……‘同治’或‘共治’所显示的是士大夫的政治主体意识；他们虽然接受了‘权源在君’的事实，却毫不迟疑地将‘治天下’的大任直接放在自己的身上。在这一意义上，‘同治’或‘共治’显然是‘以天下为己任’的精神在‘治道’方面的体现。”①

余英时梳理了道统与政统、“道”与“势”的关系，指出，“道”源自礼乐传统，基本上是一个安排人间秩序的文化传统；中国古

---

① 余英时：《朱熹的历史世界：宋代士大夫政治文化的研究》（上），生活·读书·新知三联书店，2004 年，第 219、220、229 页。

代知识分子一开始就管的是恺撒的事，后世“以天下为己任”“天下兴亡，匹夫有责”的观点即源于此；他们不仅代表道，而且相信“道尊于势”。他说：“中国古代知识分子所恃的‘道’是人间的性格，他们所面临的问题是政治社会秩序的重建。这就使得他们既有别于以色列先知的直接诉诸普遍性、超越性的上帝，也不同于希腊哲人对自然秩序的探索。因此之故，中国知识分子一开始就和政治权威发生了面对面的关系……由于文化传统的不同，中国古代知识分子以道自重和抗礼帝王的意识确是发展得最普遍，也最强烈。因此他们在出处辞受之际也特别讲究分寸，《孟子》一书便是最好的证据……中国知识分子不但自始即面对着巨大的政治权势，而且还要直接过问恺撒的事。”① 正如余英时所说，“道”缺乏具体的形式，知识分子只有通过自爱、自重才能尊显其所代表的道。

胡秋原说：“中国历史上文人之浩劫不止一次，秦朝一次，东汉末（包括魏晋）一次，唐末朱温时（投浊流）一次，南宋初（汪黄、秦桧时）一次，元初一次，明朱棣时一次（方孝孺等），明末（魏忠贤）一次，清初（文字狱）共计算一次。除了元代清代由于异族之故外，其余大多由淫侈独夫、卑贱宦官、卖国奸臣及无耻文人之构陷报复而起。然规模之大，惨虐之酷，都不如‘四人帮’之时。”②

牟宗三在知识分子问题上，与自由主义者的政治主张也有共

① 余英时：《士与中国文化》，上海人民出版社，1987 年，第 107、119—121 页。

② 胡秋原：《文学与历史：胡秋原选集第一卷》，东大图书公司，1994 年，第 158 页。

同的看法。他历数中国知识人的遭遇，秦始皇焚书坑儒，东汉末年党锢之祸，魏晋时代名士几无一幸免，唐末朱温所谓清流浊流，元代儒生地位列在第九等（放在娼妓之下），清代的文字狱等，指出中国士人被杀被辱了两千多年。俗儒、陋儒、贱儒、纵横捭阖之士、气节之士、帮闲清客等类的知识分子，都不能够免掉被杀或被辱。而“现在我们不但是参与政治，没有保障，就是不参与政治，退而守住自己的岗位，也仍然没有保障。这比以前两千年还坏……你想要进而参与政治有保障、有独立的身份，那就得有法律的程序；这样也可以退而不参与政治，守住自己的岗位，守住自己的本分去研究学术。如果你想把这两步能够保得住，也即是除了肯定民主政治，就具有宪法基础的民主政体来保障你参与政治那种独立的身份以外，你没有其他的办法。但是，倘若你想要参与政治而又反对民主政体，那就等于你反对你自己、否定你自己”①。从这里，我们可知现当代新儒家的政治诉求与政治自由主义并无不同。

牟宗三强调，必须肯定参与政治的独立性、教育的独立性、学术的独立性，这种肯定是一种理性的智慧，否则就会变成帮闲与清客。他指出：“第一，我们要忠于自己所研究的学问，即是说要有研究学问的真诚。这个学问的真诚就是说不要曲学阿世，不要委曲自己所学的东西来阿世之所好……第二，不作清客，不作清客就是不帮闲……第三，你要时常体念你所受教育的机构的独立性……学校、教育机构和学术独立就是我们的背景，假定把这

① 牟宗三：《中国知识分子的命运》，载徐复观等著、周阳山编：《知识分子与中国》，时报文化出版企业有限公司，1980 年，第 63 页。

个背景的独立性加以抹杀，我们的生命也就没有了。”[①] 牟宗三讲的政治、教育、学术的独立性，是胡秋原所讲的人格、民族、学术三大尊严的前提。

总之，儒家有以“天”或“德”抗位的传统和批判的精神，乃至孟子所谓“闻诛一夫纣矣，未闻弑君也”。儒家的政治文化资源中的民本思想、民贵君轻思想、民有思想、民富思想、官与民同享同乐思想、载舟覆舟思想等，是可以做出现代转化与现代诠释的。儒家有很多思想、价值可以与民主政治相连接或作铺垫。“以人民为主体”的思想当然与传统社会的“以民为本”的思想有质的差异，现代社会的“民主”与传统社会的“民本”也有内涵的不同，但不能说二者之间完全没有联系。

中国古代的士人、儒生、君子与从古希腊到近现代的西方知识分子之间有深刻的一致性，甚至在政治参与、相对文明的政治制度的设计与政治实践方面，中国传统知识分子比西方知识分子有过之而无不及。儒家知识人是民间百姓的代表，他们的政治理念、制度设计、实践精神、道德勇气等方面的遗产，至今对我们建构以人民为主体的政治文明有很大的参考意义，是中国政治民主化的重要资源。西方知识分子为知识而知识，为真理而真理的追求值得我们中国知识分子效仿。

五四运动以来，有关中国社会政治文化的理解，有关中国知识分子，特别是儒家的理解上，不少人有误会，有简单化、想当然、缺乏理性分析的倾向。从以上的讨论中，我们知道，政治制度与知识分子的境遇之间，知识分子的状况与国民精神的状况之

---

① 牟宗三:《中国知识分子的命运》，载徐复观等著、周阳山编:《知识分子与中国》，时报文化出版企业有限公司，1980 年，第 68—69 页。

间，息息相关。中国传统政治文化有自身优长与特色，其中良性制度的建构来自传统士人的抗争、积极运作与设计；知识分子的精神代表了国家、民族的精神，中国传统知识分子有自己正道直行的精神与人格；今天，民主政治架构是唯一可以保障知识分子的地位与尊严的制度架构，有此才有政治、教育、学术的独立，言路的通畅，自由人格的伸张，才能促进知识分子在社会上全面发挥其积极作用；现当代知识分子对中国的发展自有其责，知识分子应当检讨自己的思想言行，成为真正的有骨气，有自尊，有品格的中国知识分子；在现代中国，应继承光大传统，在新的时代培养更多的公众知识分子，真正代表民意，参与、推动现代化的健康发展。

四、儒家的“道德的政治”及其现代转化

儒家政治哲学的核心是“仁义”价值及其向政治社会推广的“仁政”学说。

陈荣捷特别重视孟子的仁义并举、仁义内在的理论，指出：“为什么孟子要将仁义放在一起讲呢？这正是由于孟子同样既重视仁的本质，也重视仁的应用……孟子坚持‘天之生物也，使之一本’（《孟子·滕文公上》第五章），即道德生活只有一根，不同意将仁义分成内外。受《中庸》的影响，孟子也很重视仁的本质。但是孟子尽力忠实于孔子的原意。他说：‘仁，人心也；义，人路也。’（《孟子·告子上》第十一章）又说：‘仁，人之安宅也；义，人之正路也。’（《孟子·离娄上》第十章）显然，正路需要一个过程顺序，这里，顺序包含重要性或差等性的相对性。仁包含了所有的人伦关系，然而正是‘义’区分了这些关系。换句话

说，儒家的‘仁’之普遍性和特殊性都受到了高度重视。”[①] 也就是说，“义”对“一体之仁”的重要性，在于补充、丰富了道德的秩序性、差等性、相对性、殊异性。无论是作为个体内在道德性的“仁”“义”，抑或是作为社会规范性道德的“仁”“义”，相互对待与补充，兼顾了普遍性和特殊性。“仁”是内在精神，“义”是行事的准则。“义”德亦可以说是“仁”德的具体分别，敬（爱）其所当敬（爱），行其所当行，人们对父母、夫妻、兄弟、亲戚、邻人、陌生人，对门内门外，对公事私事，对家、国、天下，每人的当担、责任、义务不同，行仁有一定的范围、等级、边界、节度、分寸感。“义”是对事情应当与否的判断及由此而引发的行为，有应当、正当性的义涵。“义者宜也”，又是合宜、得宜、恰当。[②]

儒家主张的政治是“道德的政治”，这常常引起人们的诟病，但我们认为，人们恰好应当追求道德的政治而摒斥、批判不道德的政治。儒家的政治理念最强调的就是其应然，即正当性，其中我们不难分析出不脱离一定时空条件下的实质正义，儒家为此而不断为人民去争取与追求。儒家强调对人，特别是人民的尊重。其天下大同、天下为公的社会理想与社会正义观、公私义利观，儒家的仁爱、民本、民富、平正、养老、恤孤、济赈、民贵君轻、兼善天下、和而不同、食货、仁政及德治主张、入世情怀、参与精神等，在今天还有极高的价值，是中国当下政改与民主政治建

---

① 陈荣捷：《儒家的“仁”之思想之演进》，载姜新艳主编《英语世界中的中国哲学》，中国人民大学出版社，2009 年，第 23 页。

② 郭齐勇《中国儒学之精神》，复旦大学出版社，2009 年，第 121—122 页。

设的重要精神资源。

关于儒家的民本思想，前文已经说过，尽管与今天的人权、权利意识、主权在民的思想不可同日而语，但也不能轻率地对待之，乃至有人认为民本不过就是君本，甚至比君本更坏，是对帝王专制的伪饰与无病呻吟而已。假如是这样来对待传统政治资源，那我们无话可说。以理性来分析的学者则不会如此，如金耀基关于儒家民本主义有相当好的诠释[①]，李明辉将其归纳为："一、人民是政治的主体；二、人君之居位，必须得到人民之同意；三、保民、养民是人君的最大职务；四、'义利之辨'旨在抑制统治者的特殊利益，以保障人民的一般权利；五、'王霸之辨'意涵：王者的一切作为均是为人民，而非以人民为手段，以遂行一己之目的；六、君臣之际并非片面的绝对的服从关系，而是双边的相对的约定关系。"[②] 这对于传统与现代的对话很有启发性。而关于现代人权与儒家传统，李明辉经过分析、比较，认为美国学者帕尼卡（R .Panikkar）曾归纳出《世界人权宣言》的三项哲学预设，一是普遍人性，二是个人之尊严，三是民主的社会秩序，"在这三项预设当中，前两项预设无疑可在儒家思想（尤其是孟子思想）中发现有利的思想资源"[③]。此外，民本思想不难与第二代人权概念衔接，存有的连续性观点可以支持第三代人权的"环境权"，义利之辨、先义后利可以呼应罗尔斯的正当对于善的优先性。总之，

① 金耀基：《中国民本思想史》，台湾商务印书馆，1993 年。

② 李明辉：《儒家视野下的政治思想》，台大出版中心，2005 年，第 96 页。

③ 李明辉：《儒家视野下的政治思想》，台大出版中心，2005 年，第 81 页。

"儒家传统的确包含现代'人权'概念的若干理论预设，而不难与人权思想相接榫……儒家传统也为源自近代西方的'人权'概念提供了另一个诠释角度与论证根据"[①]。

儒家学说中的政治正当性，即认为政治权力之根源在天、天命、天道，人们理应有所敬畏、谨慎与忧患。其根据、本位在人民、老百姓、农工商，他们是政治的主人；其基础是广阔的民间社会，民间力量及其自治，在现代更应开放民间社会，鼓励民间社会、社团的成长，积极发挥其主体性，并加以协调；其指导、参与、监督与言责则在士人，今天则更应强调知识分子的自重、自尊与积极参与。由此可得出"人民是政治的主体，士大夫是政治的主体"的结论。道德仁义系统、仁政学说及以以上四点为中心的儒家的政治哲学在今天还有极高的价值。中国传统的政治文明中（包含观念、制度、实践、民俗诸层面）的许多遗产，值得人们认真地去思考与创造性转化。例如：古代制度文明中有很多东西我们还没有认真清理，其中制度层面的消化吸收是政治文明建设的任务之一；民间组织与自治，士人积极参与及儒学传统所倡导的公共性与公共品德是公民社会的人的成长与全面发展的基础，也是现代性政治的基本内容。公民道德的重建也离不开儒家文化的土壤，而儒家的人禽之辨、公私义利之辨、君子小人之辨、天理与人欲之辨，对今天重建官德、整饬吏治腐败仍有积极意义。

（原载《孔子研究》2010 年第 6 期）

---

① 李明辉：《儒家视野下的政治思想》，台大出版中心，2005 年，第 98 页。

中国古代哲人的生存智慧

生存论或生存哲学包含空间的向度与时间的向度。古今中外的人，本来就生活在一定的时空之中。

就空间向度而论，我想至少有如下五个层面：

第一是人与终极性的天的关系，即人与天命、天道的关系，涵盖了人的终极信仰、信念；第二是人与自然的关系，即人与自然之天，与地，与自然山水、草木鸟兽的关系问题，也是我们今天所说的人与自然生态环境的关系；第三是人与物的关系问题，与自然物的关系我们已列入前一项，人与物的关系还应包含人与人造物、人造环境的关系，如人所驯化的作为工具的动物，饲养的家禽家畜，栽培的植物及果实，制造的工具、器物及包括衣食住行等人之生存、活动的方式或样态；第四是人与社会的关系，这包括人与人的各种现实关系和人所处的且无法摆脱的社会习俗、制度、伦理规范、历史文化传统等；第五是人与精神世界、内在自我的关系，包括身与心的关系、人的意义世界、自我意识、心性情才等。

前面所说的人生存的空间诸层面，简单地说就是人与天（终极的他者），人与地及自然物（自然的他者），人与物（包含驯化、饲养、栽培的动植物与衣食住行之工具、器物），人与人（社会文化的他者），人与精神境界及内在自我的关系。（前面我们勉强借用了西方哲学中的“他者”的概念，其实中国哲学中并不把天、地、人、物看作是外在于我的，下详。）

作为类的人、群体的人或个体的人，总是存在于或生活于天、地、人、物、我的空间范围之内的。与空间向度交织的还有时间向度。中国哲人很重视人生存在历史的时间中，因而重视历史文化传统，讲自强不息、不舍昼夜的生活信念与生存态度，又注意保护与协调自然史与人类史，使之悠久无疆。

因此，作为类的人、群体的人或个体的人，又总是生活在具体的历史时间之具体的空间中的。本文主要在上述时空向度上讨论中国古代哲学的生存智慧。

一、人与终极的天：贯通及德性禀赋

从连云港锦屏山将军崖发现之新石器时代遗存的石刻岩画上，可知晚期的原始人就有了天体、谷物、人体的崇拜。夏代有天神崇拜、祖先崇拜，同时并存的有英雄、自然神、鬼神、谷神崇拜。

从《尚书·甘誓》可知，夏启征讨有扈氏就是以天命为合法性依据的，其理由是对方轻蔑神灵，把人的生存秩序和自然环境弄得乱七八糟，即所谓“威侮五行，怠弃三正”。

从甲骨卜辞和《尚书》诸篇的记载中，我们可以确知殷代有皇天、上帝、帝或天帝的崇拜与祖先神、自然神崇拜等。从商汤、周公所发布的文告中可知，他们都以天为至上神，以天命为根据，以天与天命为王权所出之本原。

西周进一步发展了天、天命、天子的观念，使天神不再是与人们相对立的盲目支配的力量，天神不仅主宰自然，而且主宰社会，与地上的最高统治者有了亲密的关系，成为周人建立的宗法制度之政治与道德的立法者。天神把疆土臣民委托给天子并时刻监督之，它保佑有德的君主，惩罚胡作非为的统治者。

周人不仅把天神理性化了，而且把祖宗神理性化了，在祖宗神灵崇拜中也加强了政治与道德意义，进而提出了“以德配天”的观念。天的意志与人的意志可以沟通，这就是所谓“天视自我民视，天听自我民听”。人可以了解天的意志，天的意志在一定意义上即是小民百姓的意志。宗教、政治、道德结合成一体，尤以道德为枢纽。

夏商周都“以祖配天”，周代尤能把“以祖配天”转化成“以德配天”，强调“皇天无亲，惟德是辅”，只有敬慎其德才能祈天永命。统治者必须以临深履薄的态度处理政务、对待民众，否则天命会得而复失。

这无疑是人文的觉醒，然而是在宗教神灵崇拜中产生的忧患意识，在忧患意识中透显出人的主体性，特别是道德的主体性。这种人文或人或主体的觉醒，绝不是寡头的去神化的人文精神与主体性。

人总是宗教性的动物。周代关于“天”“天命”的信仰和敬畏，涉及人的终极关怀和终极生存问题，其与人的贯通，始终以道德为枢纽，使得道德理性有了终极依据。

孔子说：“畏天命”（《论语·季氏》）；“获罪于天，无所祷也”（《论语·八佾》）；“巍巍乎！唯天为大，唯尧则之”（《论语·泰伯》）；“天之将丧斯文也，后死者不得与于斯文也；天之未丧斯文也，匡人其如予何？”（《论语·子罕》）；“天生德于予，桓魋其如予何！”（《论语·述而》）

孔子保留了天的神秘性与对天的敬畏，同时把天作为内在道德的根源。孟子说：“尽其心者，知其性也。知其性，则知天矣。存其心，养其性，所以事天也。夭寿不贰，修身以俟之，所以立

命也。”（《孟子·尽心上》）

《中庸》云：“思知人，不可以不知天。”“唯天下至诚，为能尽其性；能尽其性，则能尽人之性；能尽人之性，则能尽物之性；能尽物之性，则可以赞天地之化育；可以赞天地之化育，则可以与天地参矣。”

这可以说是君子个体与终极之天相贯通的典型论述，在这里，有终极信仰的人可以安立自己，人可以体知天，上达天德，与天地鼎足而三，人可以让天地人物各遂其性，人在天地中的地位由此而确定。这是中国古代生存哲学的宗纲和大本。

人生存于天、地、人、物、我之间，首先生存于天地之间。有关“天”的问题，我们可以分析为自然之天、意志之天、神性意义之天、命运之天、义理（即价值理性）之天等，但中国古人对于天有一个整体的看法，这主要是西周至孔孟的看法长期浸润的结果。“天生蒸民，有物有则，民之秉彝，好是懿德。”

据《孟子》，孔子把上引《诗经·大雅·烝民》之诗，称为“知道”之诗，即趋向美好的道德是上天赋予人的法则、规定或人之所以为人的特质、类特性。这即从天赋或先验的层面上说明人的善性良知。

人在事实经验的层面上当然有善、不善、为恶的区分，但从先验的层面上说，人性本善。孟子深知人之为恶更甚于禽兽，因此更强调人之异于禽兽者几稀，人要自觉养育、扩充其“恻隐之心”等善端。

天人的贯通关系到政治的合法性与人的道德性，关系到人的安身立命，对于人的生存有极其重要的意义。当代人生存的困境，首先是物化、工具化、功利化的生存氛围造成了“上不在天”的问题，即人与神性意义的“天”的疏离。

不少人失去了终极信仰的支撑，内在道德理性日益贫弱化。这是今天我们之所以讨论“生存哲学”的缘由。人的俗世生活、俗世关怀、生活世界，离不开终极性或意义世界。

中国哲学重内在超越，价值之源在天，也在天所禀赋的人之所以为人之“性”与自己的心中。西方宗教与哲学强化了超越界与现实界的分裂与紧张。

中国没有西方意义上的宗教，中国哲学代替了宗教的职能，但它把理想境界与现实人生统一了起来，通过“为仁由己”“尽心知性知天”“存心养性事天”的内倾路径（而不是外向路径），把事实（或现实）世界与价值（或超越）世界统一了起来。这样，形而上与形而下贯穿、衔接起来了，超越形上学点化为内在形上学，通过践形尽性的功夫，使价值理想在现实人生中逐步地实现。

生活于俗世的人，照样可以成圣、成贤、成真人、成佛，超脱解放，把精神向上提升，使超越的理想在现实世界中完成、实现。诚如方东美先生所说，儒释道诸家以其独特的文化智慧，化宗教之玄秘为道德之内在性，以理性的道德价值支配人心的情绪，这在世界文化史上是一笔绝无仅有、不可多得的精神遗产。没有这些，人生存的基础必然发生动摇。

二、人与自然、人与物：共生一体

人不能没有生存环境。

环境是人生存的前提，包括自然环境与人造环境，是两者之统合。人与生存环境的共生关系历来为中国人所重视。

《庄子·齐物论》说：“天地与我并生，而万物与我为一。”这里表达的是天、地、人、物、我整体和谐的智慧，即无论是类的人、群体的人还是个体的人，与无限的宇宙，与有形有限的世界，与天地万物，都可以达到契合无间的理想状态。

孟子说："亲亲而仁民，仁民而爱物。"（《孟子·尽心上》）张载说："民吾同胞，物吾与也。"（《正蒙·乾称》）我们爱自己的亲人，进而推己及人，爱周围的人，爱人类，爱草木鸟兽瓦石，爱自然万物和人造的万物。这些爱当然是有差等的，但仁者把自己与天地万物看成是一种共生关系。程颢主张天地万物与己一体，原无分别。

《识仁篇》云："仁者，浑然与物同体"；"仁者，以天地万物为一体，莫非己也"。（《二程遗书》卷二上）这当然是一种超越的理境。儒家主张通过仁爱之心的推广，把人的精神提升到超脱寻常的人与我、物与我之分别的"天人合一"之境。这同时也表达了一种共生共存的意识。

在古代思想家看来，人与自然万物，与草木、鸟兽、瓦石、山水，与驯养、栽培之动植物和衣食住行之器物等是密不可分的整体。天地万物是不同差异的统一。在这个统一体中，万物各安其位，各遂其性，各得其所。

中国古典哲学认为，天、地、人、物、我，不是各自独立、相互对峙的，彼此之间有着不可分割的联系。它们同处于一个充满生机的生命洪流之中。中国哲人以一种"统观""会通"的方式观察宇宙人生，视天地人物我、人身人心为处在不同的系统或"场"之中，肯定各系统、要素之内外相互依存、密切联系。

人体小宇宙是一个有机联系的整体，世界大宇宙亦是一个有机联系的整体，人体小宇宙与世界大宇宙亦是一个有机联系的整体。古代哲学以"统体""一体"或者以"道""一""太极""大全""太和"等表明这个整体。

《易经》与《易传》把宇宙看成是整体圆融、广大和谐、旁通统贯的。“《易》之为书也，广大悉备。有天道焉，有人道焉，有地道焉。兼三材而两之，故六。六者非它也，三材之道也。”（《周易·系辞下》）

这里讲的是，《周易》这部书是广大而包罗一切的，有天象的规律，有人事的条理，有地理的法则，总括天地人三材而重复，所以每卦有六爻，六爻不是别的，就是三材的规律。“天地人三材之道”把各种事物之间的复杂联系与制约关系，归纳成多层次互相制约的天道、地道、人道三大方面或三大系统。

老子讲：“故道大，天大，地大，人亦大。域中有四大，而人居其一焉。人法地，地法天，天法道，道法自然。”（《老子》二十五章）

道、天、地、人是宇宙间四种伟大的存在。人以地为法则，地以天为法则，天以道为法则，道以它自己的样子为法则。就是说，人要因地制宜，用地要根据天时的变化，变化有其存在于自然界的规律性。“道”是天地自然最根本的总规律与总过程，统摄天、地、人三大系统。

中国古代十分重视生态平衡与人的生存的关系，关注天、地、人、物、我的共生问题。原始人已经了解农业生产与季节的关系，开始摸索什么土地适合种什么植物，即有了“宜时”“宜地”观念的萌芽。

《仪礼》和《左传》中都保留了夏商两代特别是西周至春秋时期人们对山川、土地、树木、谷物、神灵的尊重与祭祀。所有祭祀活动用牲或王室用膳，都不用怀孕的牲畜。

关于对山林、鱼鳖的保护，《逸周书·大聚解》记载，从夏代开始即有禁令。“禹之禁，春三月，山林不登斧，以成草木之长;(夏)三月遄不入网罟，以成鱼鳖之长。且以并农力执，成男女之功。夫然则有生而不失其宜。”

《孟子·梁惠王上》《荀子·王制》都有类似的说法，主张在砍伐山林、捕猎鱼兽方面，“斧斤以时入山林”，“斩伐长养不失其时”，细密的网与毒药不入池泽等，虽然是为了人的食与用，为了繁衍人口，为了养生，但其平衡共生的考虑亦是很清楚的。

《论语》记载了孔子与弟子对山川、土谷、神灵的尊重与对飞鸟鱼虫的保护。《孟子·告子上》著名的“牛山濯濯”章，以郊外秀美的牛山被人乱砍滥伐和任意放牧牛羊从而变成秃山之例，比喻人性放失不养之害，亦显示其对爱护、养育森林资源和心性资源的贯通性思考。

古代的《月令》特别重视人对动物、植物、山川、陂池的保护，涉及季节与人之养生、渔猎、伐木、农事的关系。例如古代由政府下令，在春季“祀山林川泽，牺牲无用牝。禁止伐木，无覆巢，无杀孩虫、胎夭、飞鸟，无麛无卵”，“无竭川泽，无漉陂池，无焚山林”(《吕氏春秋》)。

古代在“贵生”“尊生”即尊重人的生命并“养生”的同时，亦重视人生存之自然环境，保护动植物的正常繁衍生长，保护山林川泽，这些都是很重要的。

近些年在敦煌悬泉置发现王莽时代国家颁行的《月令》，写在墙上，内容与上引资料相类似。《诗经·大雅·旱麓》则有“鸢飞戾天，鱼跃于渊”的诗句，宋明理学家常常追求鸢飞鱼跃、生机无限的境界。

有人认为，我前面论述的都是古代人的理想，而事实上传统社会对自然的破坏也很严重。应当承认，传统社会随着人口增长出现了对原始森林乃至整个自然环境的破坏，但我们必须注意两点：第一，古代对生态环境保护的重视正是针对人为破坏的，以上理念与政令确实起了正面的作用；第二，农业社会对自然环境的破坏与工业社会对自然环境的破坏是不可同日而语的。

人类进入工业社会后，物种的灭绝、退化才发生质变。工业污染及现代科技对自然的掠夺是全方位的，自然资源将消耗殆尽，退化的地球将不再是人类生存、居住的处所。

前面已说过，古代信奉多神崇拜，不仅对自然、山川、土地、树木之神心有敬畏，而且对衣食住行等器物也有敬畏之心、尊重爱护之意，或者说怀有感情。

古代人认为，人有人性，人性中有神性；物有物性，物性中也有神性。在农业社会，人们对耕地和农具有深厚的感情；在现代社会，对炒地皮的商人来说，他们对土地毫无感情，土地只是他们谋利的手段。

中国古人对于天、地、人、物、我的整体性看法并不排斥自然认知上的逻辑分析。

所谓中国古代的认识模糊笼统，没有科学分类与分析，没有精细记录与量化，中国思维忽视逻辑等说法都是误解，李约瑟、冯契、刘文英等专家都有驳斥，吾敬东先生从生物学、农学、天文学、数学、律学、地理学、制作技术及操作类、专门性、百科性著述方面，从精细思维及逻辑思维方面也作过详细论述。

三、人与社会、人与人：群己和谐与个体彰显

个体生存的限度与限制不仅体现在终极生存和生态环境方面，而且体现在社会群体方面，体现在习俗、成文与不成文的制度规范、社会历史文化传统、个体与家国天下之关系方面。

换言之，现代人生存的困境除了要解决“上不在天，下不在地”的难题之外，还要解决“外不在人，内不在己”的难题。要使个体的人不成为片面的人，就必须正确处理与群体的关系，必须正确处理人性健康、全面发展的问题。

中国哲学的“群己”关系之论与“心、性、情、才”之论都有可供转化的资源。本节与下一节将分别论述。

西方从雅斯贝尔斯到哈贝马斯，都十分重视交往理性，珍视交往与孤独的辩证性。这当然是在现代文化的背景上讲的。

中国哲学传统中有“成己”与“成人”、“立己”与“立人”、“己达”与“人达”之论。在“己”与“人”的关系上，孔子主张“己欲立而立人，己欲达而达人”《论语·雍也》，“己所不欲，勿施于人”（《论语·颜渊》）。成就自己是在成就别人的共生关系中实现的。成就自己同时必须尊重别人，不尊重别人，不能成就自己。

儒家的“为己”“成己”“反求诸己”之学，肯定“人人有贵于己者”（《孟子·告子上》），肯定主体的内在价值，肯定自我的主导作用，在道德实践和政治诉求上，表现了“舍我其谁”的担当意识。自我的完善与实现，脱离不了家国天下的完善与实现。

孔子主张“修己以安人”“修己以安百姓”（《论语·宪问》）。《大学》主张，“壹是皆以修身为本”，以“修身”为中轴，把“正心”“诚意”“格物”“致知”与“修身”“齐家”“治国”“平天下”联系在一起，这也是所谓“内圣”与“外王”的统一。这里面当然有一些问题，很可能导致自我淹没在群体之中，但另一方面，这种思想传统亦说明了中国人在交往理性上并不会发生困难。

中国古代哲学有关群体和谐的话语，路人皆知，兹不赘述。但不少人认为，中国思想的主流是压抑个性、妨碍个体性生存和精神独立的。这一看法当然可以找到不少证据，尤其是在专制主义社会的制度结构中，个性的窒压、情性的萎缩、人格的异化具有普遍的趋势，这正是近现代仁人志士所批判和鞭笞的负面。

然而另一方面我们也应看到，正常的君臣、父子、兄弟、夫妇、朋友等五伦关系并非不对称，并非只有单向度的义务，相反，在权利与义务上是对等的。传统知识分子为此不断奋斗。

中国思想表现出大量对人的个体存在性和精神自由的向往，有甚深的意蕴，可加以创造性转化。儒家关于“为己之学”与“我善养吾浩然之气”的观点，道家关于生命自我之超拔飞越的“逍遥无待之游”的精神之域，玄学与禅宗之“自信、自肯、自得、自在”之论，都有许多值得发掘的宝贵资源。

庄子哲学突出了人的个体性，尤其是其“自本自根”“独有之人，是谓至贵”“独与天地精神往来”“以游无穷”诸说，从精神上肯定了个体人的地位。庄子的《逍遥游》《齐物论》在我国哲学史上明确提出了“个体性”原则。

《老子》即有“道生之，德畜之”之说，道是人之所共由，德是我之所自得。庄生天籁、齐物之论论的是“道”，此道乃整体的和谐，而这种整体的和谐源于个体人格的平等独立、殊相物事的彼此疏离，即众人、众物、众论之无不齐；此道表现出对各相对价值系统的容忍、尊重，由此才能上达绝对的价值系统。庄生“逍遥无待之游”所重者为“德”，此德（得）乃个体的自在自得，而这种个体的自在自得取决于个体此在如何超越于精神奴役、名教宰制、物欲系缚、他在牵累；此德传达的是对泯灭个体人独立地位、自由本性的社会异化的抗议，是对无所依恃的精神自由的向往与追求。

《逍遥游》与《齐物论》论的是内圣与外王、适己性与物化、众生之大自在与众论之无不齐、个性自由和众生平等、人之殊相与宇宙共相、自在与自为的对称、平衡、互动。二者所表达的睿智在于：人们面对自己的生命、自己的自在存在做出的选择，需要相对地与整体共在“分生”“独化”，在新的层次上重塑自我，使个我本已的人格结构、精神生命一次次获得跃迁、新生。

这不是排斥共相共在，而是一次次适度地疏离、超越、提升直至无穷。郭象注《庄子》抉发“万有独化”论，其不仅承认在“无”之精神超越境界中个体的逍遥无待，尤其肯定在“有”之现实存在世界中个体的自由无限性：万物各自以自己作为自己存在的根据，“物任其性，事称其能，各当其分”，“块然自生”，“掘然自得”，“因而自因”，“足于其性”，“生则所在皆本”，“变化，无往而非我”。

郭象的思想是在现实世界里把个体从名教纲常等社会体制的束缚中分疏出来，并把这种个体性上升为宇宙本体。

儒家张扬个体人格，并认为这种个体人格是宇宙生命的反映。每一个个体生命、个体人格精神都以宇宙大生命或绝对的本心为其自性，因此个体人格甚至包融了自然秩序、历史法则。

个体的责任感、使命感、担当意识，自我意识的圆满自足、无限能动性，“三军可夺帅也，匹夫不可夺志也”，如此等等，确乎是一种自由的精神、自由的个体性。因为具体的个体（仁人志士）在具体的处境中是非精神的、不自由的，人格如若作为一个具体的个体，是用不着他力（他律）驱之使然，而是凭其内在精神主宰自己（自律），挺身而出，血荐轩辕。

因此，儒家的道德哲学乃是肯定个人的绝对的个体性，所放弃的乃是个人的偶然和易变的个体性。前者仍然是共相，落实到具体场合、具体的人才是殊相，而一旦落实化为具体的道德行为，就不能离开个体的感性的生命存在。

但是，特殊的人在本质上是同这种特殊性相关的，所以每一个特殊的人都是通过他人的中介，同时也无条件地通过普遍性的形式的中介，通过社会群体与社会组织的中介，来肯定自己并得到满足。因此，个体必须通过社会群体的现实生活，通过家国天下把自己实现出来；社会群体的发展和实现终究必须落实在每个个体的意识和行为中。

总之，个体性的确立、个体的自我完善，必须考虑个体与群体、理性生命和感性存在、大体与小体、道义与功利、必然与自由、共相与殊相等一系列的矛盾。

“个体性”原则在中国哲学的确立，有赖于现代化事业和现代人的全面发展，有赖于对传统资源的体认和扬弃。人总是在与生存环境、与天地人物我的关系中，在社会生活与社会组织中，成就自己、实现自己。

个体与群体、理性自我与感性自我总是相依相待的。个体性是全面的不是片面的。个体性、殊相、偶然与群体性、共相、必然的关系亦是辩证的、统一的。

人总是在与生存环境、与天地人物我的关系中，在社会生活与社会组织中，成就自己，实现自己。整体和谐不妨碍个体自由，反之亦然。古代人“虚己容人”“虚己容物”真是了不起的智慧。

四、人与自己，人的生存品质：陶冶与升华

当下，一方面，社会身份人格或面具人格与真实的自我发生了裂解或异化；另一方面，灵性的消解，感悟的钝化，情欲和贪念的炽张，生活品质或生存目标的低俗，是市场化的媚俗的“大

众文化”对人性涵泳的极大挑战。

中国传统哲学家很看重个体人的生存品位与品质，很重视人文的熏陶和修养。孔子讲：“志于道，据于德，依于仁，游于艺。”（《论语·述而》）孔子又说：“兴于诗，立于礼，成于乐。”（《论语·泰伯》）优游、涵养、陶冶于礼乐教化之中，通过诗教、书教、礼教、乐教来培养社会精英，也提升民间的品位，是传统知识分子的重要任务。

孔子有“知其不可而为之”的品格，有“文王既没，文不在兹乎”的担当意识，以“天命在我”“天生德于予”的自觉，一身系斯文传续的使命，同时，也有“吾与点也”之叹。其实子路、冉求、公西华三人从事军政外交的志向，孔子并非不认同，相反，他总是鼓励弟子要有外王事功之实践与建树，但是在当时的语境中，孔子独独默许曾点的优游涵泳：“莫春者，春服既成，冠者五六人，童子六七人，浴乎沂，风乎舞雩，咏而归。”（《论语·先进》）

没有这种生活意境的人是读不懂“吾与点也”章的。我曾看到一位西化派的中年人的一本书中以十分浅薄、轻浮的态度解说这一章，说孔老二与他的徒子徒孙迈着“唐老鸭”式的步伐去沂水洗澡云云。这种人毫无敬畏之心，也毫无意境。

其实，曾点在这场对话中表现了胸次悠然，直与天地万物上下同流的意境，其志趣的特出、独到，使夫子叹息而深许之。可见个体生存的意义世界，与个体人之身心的涵养有很大的关系。人有别于禽兽，自不待言。

不唯如此，人不仅仅是语言、逻辑即逻各斯的动物，不仅仅是社会政治的动物，尤其是具有宗教性、道德性和美感的动物，这就需要涵养。要有所养：养气、养心、养性、养情、养才。靠什么养？在古代是靠人文的“六艺”之学之教，靠五经四书。

1993年在湖北出土的《性自命出》这篇估计是孔门后学的文献，很有意思，它讲“性自命出，命自天降，道始于情，情生于性”。人性有上天禀赋的道德性，前面第一节已有论述。“道”在这里指人道，即社会礼制。

本篇既重视喜怒哀乐等自然生命的情气真实，对血气心知给予极高的肯定，又强调“用心”“用智”“用情”“用身”“用力”的节度。声色、利欲、悲痛、欢乐，郁陶状态的情气发用，是人之真实，但离不开“志”的引导。该篇主张，从形身和心灵诸层面加以陶养。《诗》《书》《礼》《乐》之教有助于调节人们情气的发用，使之合宜，恰当。

该篇说：“致容貌，所以度节也。君子美其情，贵其义，善其节，好其容，乐其道，悦其教，是以敬焉。”容貌的端庄，行止的美，身心的和谐，是《礼》教的任务。礼容、礼仪通过正身行来调整内心，让君子以和乐庄敬的生命投入社会人事，而《乐》教则通过抒发情怀直入人心，陶冶情操和心灵。

“凡声，其出于情也信，然后其入拨人之心也厚。闻笑声，则鲜如也斯喜。闻歌谣，则陶如也斯奋。”真情之声，能深深地拨动人的心弦。谛听、吟诵、观看、欣赏《韶》《夏》《赉》《武》之乐舞，可以健康地抒发情感。浸润既久，可以让人们回归人性本始之善，振奋正气。

我们传统的心性论是一富矿，可以开采发掘的资源甚多。即使是朱子的心性论，其实也不是那么面目可憎，相反非常有亲切意味。朱子诚然强调“天理”对“人欲”的控制与调整，但主要是指的内在性的调控，不是外在强加。“情”需要节制，并非中国哲学家的专利，古今中外大的道德学家、伦理学家没有不讲导情、节情的，“情”之泛滥总不是一件好事。

朱子恰恰反对释家和胡宏、李翱的“灭情以复性”说，指出：“旧看五峰说，只将心对性说，一个情字都无下落。”（《朱子语类》卷五）“李翱复性则是，云‘灭情以复性’，则非。情如何可灭？此乃释氏之说，陷于其中不自知。”（《朱子语类》卷五九）

朱子把“情”分为两部分：一是“七情”，一是“四端”。对于“七情”，他强调恰当抒发而不是窒压、泯灭，他对《诗经·周南·关雎》的创造性诠释，足见其对情爱和歌咏情爱的肯认。

对于“四端”，他更加认为是道德实践的能动性力量。“爱是恻隐，恻隐是情，其理则谓之仁。”“仁是爱之理，爱是仁之用。未发时，只唤做仁，仁却无形影；既发后，方唤做爱，爱却有形影。未发而言仁，可以包义礼智；既发而言恻隐，可以包恭敬、辞逊、是非。”（《朱子语类》卷二十）他在这里讲的是道德理性与道德情感的不离不杂，道德理性与才知利欲之心的不离不杂。

在张载、二程“心统性情”的总体架构上，朱子尤重心、性、情、才的关系。总的说来，朱子指出，情，才同出于性，同属于心。情才显性，即在道德与社会实践过程中，情与才都具有能动性，使人性得以全面地展开。

他指出，情是动，才是力，情是感动、发抒，才是才质、才能、能力、气力。“才”能使外王事业成就出来，也就是使人全面地展现出来。

王夫之大体上沿朱子的思路讨论心、性、情、才的关系，当然也略有差异。王夫之认为，心包含了情、才，人性行之于情、才之中。“才”靠“情”启动，“情”靠“性”调节；有了“才”方能显性于情；“情正”可以尽才，因此尽性。

他主张“情以御才”，用今人的话说，是指人的智力才干（或“智商”）受到情感世界（或“情商”）的调控。他又主张“才以给情”，似乎是指智力才干对情感生活的辅助，帮助情感乃至人的本性的完成、展现。

他还主张“才以就功”，即“尽其才”，能取得“尽其性”的功效。成就自己、展现自己，在古代有很复杂的讨论，心性情才的关系之论就是其中之一，其中又有很细微的差别，兹不赘述。

五、人之世代生存的时间向度：悠久无疆

关于人的生存问题，前面我们提到的中国古代哲学之“天人”“天地”“物我”“群己”“性情”关系的讨论，多有涉及。人存在于宗教的或形而上的追求之中，人生活于自然生态环境之内和社会关系的体系之中。

人之为人，有其类特性与类本质，有人之所同然，“心之所同然”，“东圣西圣，心同理同”的普遍性，但又有其族群的、社群的、阶级的、阶层的、性别的、地域的、语言的、年龄的、宗教的、文化的、历史的种种差异和作为个体的人的个别的特殊的形形色色的性状。

个体人是活生生的、有血有肉、有欲望、有感情的人。今天的“生存哲学”的讨论，无非是反思在全球化和电子网络文明的背景下，人如何在现实性上活得更好，更有合理性，更有理想。人类、族类、个体要活得更好，就需要重新反哺人类各文明的精神资源和人生睿智。所谓活得更好不是只顾自己，不顾他人与子孙后代。在这里，中国的智慧是值得检视的。

中国古代哲学用一句话来说，就是生活的智慧，生命的智慧。

“天地之大德曰生”，“生生之谓《易》”。“生”既是生存，又是创新。这些对于实现一个全面健康的人类、族群和个体，都是

有所裨益的。

我在这里还要特别强调一下人生存的时间向度问题。古代的《易传》《中庸》是中国人的《存在与时间》。前面在“天道”“天地”“社群”“人我”“身心”等向度上均已涉及人生存之时空的交叉，如第三节谈到具体的社会历史文化传统对人生存的限制及恰好是在这一限制中超脱出来，实现自我的问题等。

我现在要强调的是，中国古代哲人的特殊智慧，在思考人的生存时，特重人之事业的可大可久，人与环境之悠久无疆的问题。

《周易·系辞下》曰：“《易》穷则变，变则通，通则久。”“乾以易知，坤以简能。易则易知，简则易从。易知则有亲，易从则有功。有亲则可久，有功则可大。可久则贤人之德，可大则贤人之业。易简而天下之理得矣。天下之理得，而成位乎其中矣。”

在这里，“久”指时间，“大”指空间。意思是说，天之道自然实现，是容易被认识的；地之道自然完成，是容易顺从的。人在天地之中生存。人效法天地之道，故从者众（有亲），事有成（有功）。亲者众则事业的时间长久，功业著则受益者的空间广大。此之谓可大可久。华夏文化与文明，正是可大可久。

中国哲学家谈到生存问题一定要讲始与终、幽与明、往与来、生与死的智慧，讲一代一代人与栖息之广天博地的延绵。

《中庸》曰：“故至诚无息。不息则久，久则征，征则悠远，悠远则博厚，博厚则高明。博厚，所以载物也；高明，所以覆物也；悠久，所以成物也。博厚配地，高明配天，悠久无疆。如此者，不见而章，不动而变，无为而成。”博厚高明都是空间，德性之人与天地相投射相匹配。

这里所说的生生不息、不间断、长久、悠久等，都是时间。只有长久才能效验于外，能行之悠远才能广博深厚，如此才能高大光明。可见，没有时间亦没有空间，反之亦然。这两者是交织的。

悠远长久所以能成长万物。只有在时间中，天、地、人、物、我，才能逐渐地展现出来。人之世代传续及其与自然世界的相接相处才可以无穷无尽。人必须有眼光，必须考虑行之悠远，不能急功近利，不考虑将来子孙后代的生存。

人无远虑，必有近忧。既要解决近忧，更要有深谋远虑。

西方人把悠久的世界放在彼岸天国，中国人认为悠久的世界就在现实界，在延绵之代代相续，在历史文化的承传中。

故《中庸》讲天地之道是博也、厚也、高也、明也、悠也、久也。

《中庸》讲孔子继承历史文化传统，又“上律天时，下袭水土。辟如天地之无不持载，无不覆帱。辟如四时之错行，如日月之代明。万物并育而不相害，道并行而不相悖。小德川流，大德敦化。此天地之所以为大也”。

尊重、顺从自然，肯定包容并存，这是很高明的生存智慧。这需要宽裕温柔的度量，发强刚毅的精神，齐庄中正的虔敬心态，文理密察的思考能力。

徐复观先生的《学术与政治之间》印有徐先生伉俪在唐君毅先生家中做客时坐在唐家客厅里的照片。其背景是唐家客厅正墙上挂的一副春联。上联是“古往今来，神人共岁”；下联是“天长地久，物我同春”。这是传统中国士人的信念与胸抱，又很有草根性，过去在民间常见这种春联。这十六个字把中国人生存的时空交织的图景生动地表达了出来。

我们要以中国大传统的大智慧来回应当代经济全球化的诸多问题的挑战，回应当今、未来人之生存的深度与广度问题的挑战。我们把什么留给子孙？这是我们必须回答的。

重新发现中国

世界上最具原创性的古典文明中，古希腊、古印度、古埃及、古巴比伦的文明都曾经有过断裂，只有中华文明一以贯之、延绵不绝。三星堆遗址、良渚文化、河姆渡文化、金沙遗址、红山文化等的考古发现都是绝佳的证明。中华文明是和合性的文明，正是在这种文明的熏陶下才整合成了我们这个中华民族整个族群。《大学》《中庸》中讲中国文化的“可大而可久”，“大”是就空间而言，“久”是就时间而言，这两者反映了中国文化的“和”的特性。据《左传》《国语》的记载，上古史官承担巫与史两种职责，肩负着神人沟通的重任。平时他们书史，记录君王言行；祭祀时他们充任主角沟通人神；此外还掌星历、教育、医药等。这已经充分体现了终极性与日常生活贯通的思想。

中华文明提倡“和谐”，这是针对不和谐而生，现实总是有未能尽如人意的地方。黑格尔就强调过存在与合理之间的紧张，现在东西部、贫富之间存在着种种不公平、不平衡的情况，因此现在强调“和合”更有重要的意义。“和而不同”不是强调同一性，而是强调保持差异性、多样性，从而有内在的生成能力。随州出土的曾侯乙编钟的总音域达到五个八度，略次于现代的钢琴，正是这种音与声的多样性的统一，才能演奏出美妙的音乐。从《论语》等传世文献来看，先贤多提倡“和而不同”，这种观点也延伸到各种制度与礼俗当中。在周公创立的制度中，就有“同姓不婚”的婚姻制度，这种制度出于政治权力的继承及伦理、生理等多方面的考虑，也保证了种族的繁衍和后代的素质，符合现在的“优生优育”政策。另外在各种器物制作、音乐、歌舞演出等制度中，提倡多样性的统一贯穿始终，中华文化因而也发展延续至今。元、清这两个朝代虽然是少数民族入主中原，却都被中华文明征服，他们无一不选择了儒家思想作为统治思想。中华文明甚至能够将聚族而居、不易消融解体的犹太族群与极具个性特点的犹太教吸收融合，可谓文明史上的奇迹。正是因为中华文化能够容纳、消化不同的文化、族群、习俗、宗教、艺术，又坚持固有精神文明，吸收不同的人才，接纳不同的声音，接受不同的建议，中国才能形成开放的、兼收并蓄的、永不断流的民族文化。

重新发现中国，需要我们重新去发现、发掘、发展我们的文明。这种文明不仅包括价值观等心理层面，还包括典章习俗等制度，也包括了日常器物等实物，这样的文明才是融合性的、有生命力的。1993 年，亨廷顿发表了《文明的冲突》一文，文章指出了儒教文明（实际上指中国）和伊斯兰文明（主要指阿拉伯人和波斯人）同西方的基督教文明有很大的差异性，而未来世界的冲突将是由中华文明与西方文明间的冲突以及伊斯兰文明与西方文明间冲突引起的，他强调文明的差异与冲突。但是，不同文明中有些最基本的东西是相似的。同样是在 1993 年，世界宗教会议通过的《走向全球伦理宣言》向全世界宣布：“我们特别要谴责借用宗教名义的侵略和仇恨。”这种声音代表了国际宗教界的良知。《走向全球伦理宣言》从世界各大宗教和文化的道德准则中，提出了全人类都应当遵循的一项基本要求：每个人都应受到符合人性的对待，并以耶稣的名言“你们愿意人怎样待你，你们也要怎样待人”和孔子的名言“己所不欲，勿施于人”作为支持。《走向全球伦理宣言》又根据各大宗教都包含的“不可杀人”“不可偷盗”“不可撒谎”和“不可奸淫”四条古训，针对当代世界的状况，表述了四项“不可取消的规则”：一是珍重生命——致力于非暴力与敬重“生命的文化”；二是正直公平——致力于团结与公平的经济秩序；三是言行诚实——致力于宽容的文化与诚实的生活；四是相敬互爱——致力于男女平等与伙伴关系的文化。“全球伦理”的两大特点：一是具有基本性，即只提出人类应有的最低限度道德；二是具有普遍性，即指明这种道德在各种不同的宗教和文化传统中都有其根据。中华文明中强调仁爱恕道，与这些基本伦理原则遥相呼应。“仁”在郭店楚简中的写法为上面一个“身”，下面一个“心”，这表明要身心合一地体知，才能对别人的遭遇感同身受，才能有效推行“仁”。孔子云：“出门如见大宾，使民如承大祭。”这生动地体现了这些基本的规则。

重新发现中国，需要我们探讨古代中华文明的奥秘。在器物层面的文明上，过去说中国古代有四大发明（指南针、火药、造纸、印刷术），其实还有比这四大发明更重要的发明：青铜器、漆器、丝绸、瓷器等，其精湛高超的工艺，无一不体现了中华文明的博大精深。此外还有算盘、茶叶等，以上十大发明与其他发明都是中华民族的智慧结晶，曾经有着改变世界的意义。中国的发明远不止这十项。在制度层面的文明上，中国古代的行政、司法制度，土地、赋税等经济制度，征辟铨选制度（荐举、考试），文官制度，教育制度（开放教育，平民子弟通过接受教育参与政治甚至最高政治），荒政、赈灾的制度，优待老人与弱势群体的制度，君相制与监察制，等等，这些制度中有不少实质公正的内涵与制度设计的智慧，对人类文明的贡献极大。在观念与价值层面的文明上，儒家“仁爱忠恕”、墨家“兼爱非攻”、道家“道法自然”、佛家“慈悲为怀”、理学家“民胞物与”等理念，成圣人贤人、成真人至人、成菩萨佛陀的理想人格追求，一系列修养功夫论等，都是了不起的调节身心的安身立命之道，都是对世界文明的伟大贡献。以上制度文明与观念文明中的精华，曾获得西方启蒙时代大家们的青睐与借鉴。

中华文化是在不断吸纳内外各种文化精华，容摄各大文明要素的过程中形成的。中国的现代化不能完全西化，需要保持中华文明的根底。现代化，不仅要建立民主法治，还需要族群认同，还需要解决“我是谁”这个文化身份认同的问题。我们每个中华儿女都是中华民族的一分子，都具有最基本的底线，并形成一种文化认同与伦理共识。中华文明在五四运动以后受到了很多批评攻击，但是现在我们需要“补课”，需要重新去了解我们的传统文化，国民教育中应该加强传统文化的学习。台湾的全民教育、中学教育中有精读四书的课程设置，这对中学生基本人格的形成、熏陶、培养，有着积极的作用，对一个人一生的做人做事都打下了好的基础；日本松下集团用《论语》《孝经》作为员工培训的教材，培养员工的合作与敬业精神。《周礼》中提倡的荒政救济、扶贫助弱等制度都证明了传统文化中有很多有生命力的东西还值得借鉴。这次四川汶川大地震的救灾，也是中国古代制度与观念文明之精华的继承与显现。

不论每个人从事什么职业，学问、胸襟、道德是每个人必备的素质，每个人都要有基本的做人做事的底线，这就需要人品、人格、人性的陶冶。重新发现中国，需要我们重新发现中华文明，发现父母之邦的文化宝藏。对文化的研究不只在文字考证上下功夫，还需要调动文化资源为现代所用，汲取百姓生活中的文化养分，人们方能坦然面对现代生活。

（此文据 2008 年 9 月在四川师范大学的演讲稿整理）

国学就是儒学、汉学吗？

所谓“国学”，乃中国传统文化的通称。清末，我国处在列强欺侮、瓜分豆剖的危机中，革命志士为唤起民众之民族觉醒，同时作为反清革命的动员，又寓含了对建立中华民族统一国家的诉求，遂倡导国学。章太炎说：“夫国学者，国家所以成立之源泉也。”[①] 他把国学之兴废与国家之存亡联系了起来，指出国学亡则国家无以立。邓实说：“国学者何？一国所自有之学也……有其国者有其学。学也者，学其一国之学以为国用，而自治其一国者也。国学者，与有国而俱来，因乎地理，根之民性，而不可须臾离也。君子生是国，则通是学，知爱其国，无不知爱其学也。”[②] 将爱其国与爱其学联系在一起，故国学是在清末民初的爱国热潮下兴起的。

国学与国学教育，又是针对西学并与西学相伴而行的。在内忧外患的压逼下，尤其是在欧风美雨的冲刷下，面对全盘西化的

---

① 章太炎：《国学讲习会·序》，原载《民报》第七号。转引自汤志钧：《导读》，《国学概论》（章太炎讲演、曹聚仁整理、汤志钧导读），上海古籍出版社，1997 年，第 6 页。

② 邓实：《国学讲习记》，原载《国粹学报》第 19 期。转引自汤志钧：《导读》，《国学概论》（章太炎讲演、曹聚仁整理、汤志钧导读），上海古籍出版社，1997 年，第 7 页。

思潮，梁启超说：“吾不患外国学术思想之不输入，吾惟患本国学术思想之不发明……凡一国之立于天地，必有其所以立之特质。欲自善其国者，不可不于此特质焉，淬厉之而增长之……不然，脱崇拜古人之奴隶性，而复生出一种崇拜外人、蔑视本族之奴隶性，吾惧其得不偿失也。”① 五四运动后的 30 年，一方面是西方文化铺天盖地而来，另一方面又是国学教育办得最好的时候。在那个时期的家庭、社会、学校教育中，国学都是重要的内容。从学龄前到小学，从中学、中等专业学校到大学，包括教会学校，都有扎实的国学基本知识与做人做事之道的教育，值得我们今天效仿。

国学的内涵非常丰富，章太炎把固有学术文化、经史子集等都纳入国学，他的《国学概论》讲了小学（文字学）、经学、诸子、佛学、理学、文史、制度等。钟泰的《国学概论》讲六书、声韵、章句、六艺（六经）、诸子、汉宋异同、文章体制等。朱自清的《经典常谈》，讲的是《说文解字》、五经（分别讲）、四书、《战国策》、《史记》、《汉书》、诸子、辞赋、诗文等。钱穆的《国学概论》类似思想史，讲孔子与六经、先秦诸子、焚书坑儒、两汉经学、汉末批判思潮、魏晋清谈、南北朝隋唐的经学与佛学、宋明理学、清代考据学与民国学术。可见国学范围虽然博大，但就国学教育而言，总是相对简约的，大体上要了解所谓的国学，无不从认识汉字开始，故必须了解一点古文字学（含声韵学、训诂学），进而了解一点经史子集的初步，了解一点古代思想史。

---

① 梁启超：《论中国学术思想变迁之大势》，原载 1902 年 3 月 10 日《新民丛报》第三号，又载胡道静主编《国学大师论国学》（上），上海：东方出版中心，1998 年，第 23 页。

我们不能把国学狭隘化。第一方面，国学不只是汉民族的学术文化，它包含了历史上少数民族的语言、文字、学术文化及其与汉民族的交流史；第二方面，国学不只是上层精英传统，还包括小传统，如民间民俗文化，各时段各地域各民族的传说、音乐、歌舞、技艺、建筑、服饰、礼仪、风俗、宗族、契约、行会、民间组织等，如今天的某些物质与非物质文化遗产；第三方面，国学还包括历史上中外地域文明的交融，如外域文明的传入、西域学、佛学及其中国化、西学东渐与中学西传的内容与历史过程等，都属于国学的范围。当然，我们必须明了，国学、经史子集等，并不是汉族的专利，其中包含、汇聚了历史上多民族的智慧与文化，是中华各民族共同创造的、共同拥有的文化精神资源。

国学教育总要抓住最重要与根本的东西。钟泰说，读书要有指南，犹如旅行要有舟车与地图，但到穷极处，一定不要忘了目的地，即归趣。他认为，国学的归趣在义理。我们知道，义理是考据、辞章的灵魂。在国学的多层面中，最高的层面还是国魂，即中华民族的主要精神的方面。

儒学的范围也很大，但相对于国学来说要小得多，我们不能把这两者等同起来。但另一方面，儒学又是国学的重要组成部分。传统中国文化无疑是多元多样的，儒学只是其中一部分。传统中国社会的历史文化无疑是流动与变化着的，儒家文化传统也是流动与变化着并与其他文化传统相交织的。但2500多年来，儒学渗透到全社会上下，适应、调节着社会经济的发展并影响人们的生活，落实在政治制度、社会风习、教育过程以及私人修养与性情陶冶之中，是中国乃至东亚人的生活方式、行为方式、思维方式、情感方式和价值取向的结晶，乃至到了百姓日用而不知的地步，极具草根性。儒学实际是我国乃至东亚走上现代化的基础与铺垫，它在未来的发展中将起到越来越重要的作用。

所谓“汉学”，又叫中国学，是外国人，特别是西方学者研究中国历史与现实之文化学术的通称。汉学与国学完全是可以不相干的。我们尊重也借鉴海外汉学家的研究成果，但要注意，那些研究多为饾饤枝节，缺少内在精魂。外国人视汉学（中国学）为纯客观对象，而本国人对国学自然地投入主观情感，怀抱温情与敬意的心态，而且身体力行。

国人有义务接触本国经典，国人对汉语、国学应有起码的修养，反过来，国学又滋养国人。希望教育部门、社会与家庭在对孩子们的教育中，特别是在国民教育中更多地加入国学的内容，营建中华民族共有的精神家园。

不能把国学狭隘化。国学的最高层面是国魂，即中华民族的主要精神的方面，那是中国人之所以为中国人、中国文化之所以为中国文化的根本特质处。

（原载《解放日报》2010 年 2 月 15 日第 6 版）

孔孟之道的恒常价值

五四运动后特别是“文化大革命”以来，孔孟之道的名声似乎不太好。我们总是把甲午战争以后的中国，在政治、经济、军事上的落后挨打完全归咎于文化，特别是儒家文化，因此总觉得孔孟之道是落后保守的，是和现代没有相干性的死亡的东西。是不是这样呢？

孔孟之道的核心是什么？可以用两个字概括：一个是忠心耿耿的“忠”，“己欲立而立人，己欲达而达人”；还有一个字叫“恕”，“己所不欲，勿施于人”。“忠”就是我们要积极为别人着想，“恕”就是我们怎样体谅别人、宽容别人、理解别人。孙中山先生总结中国文化的八个字：忠孝、仁爱、信义、和平。仁爱是他的核心，仁爱有两个方面，一个“忠”，一个“恕”。这两方面相结合就是中国文化的核心价值，也是最重要的价值观念。

孔孟之道何以在中华民族发展史上具有恒常价值？因为它具有文化认同，具有凝聚力的价值理念和我们的信仰系统。中国很多文化机理，其实都是儒家的理念。“有教无类”这四个字的思想力量，奠定了开放教育、开放政治到民间的基础。哪里不是孔孟之道在起作用呢？

今天我们强调生态环保，其实儒学有很多思想资源。天人关系包括人和超自然神灵的关系，也包括人和自然的关系。古人甚至不剪窗前草，因为草木、鸟兽、瓦石都是我们的兄弟，用过的器物都是珍贵的，为什么？他的爱不只是爱人，还爱物，“亲亲而仁民，仁民而爱物”。

今天的人太急功近利，只顾当下，对土地和生态的破坏完全是在犯罪。人类要往前走，一定要重视孔孟之道，因为孔孟的智慧是永恒发展的智慧，而不是只顾当下。

再综观当代社会管理和企业管理，儒家并不是就事论事的管理，而是调动人心的管理。从培养心性、陶冶人格角度出发来谈管理，这种管理才是久远的。孔夫子讲，你要治理好这个社会，如果只是用政令、用刑法，那是治标不治本。孔子提倡德治，不是单纯的文治或法治，是道之以德，齐之以礼。松下幸之助先生曾回答松下公司的管理理念，其一就是儒家的爱心、纪律和团队精神。

今天的时代，是不断变化的时代，我们提倡的国家软实力，其实也是看得见、摸得着的。软实力不是国内生产总值有多高，而是你的修养、你的德化、你的性情，是一代一代国民的素养。而素养中最重要的不是知性、单面、知识的一面，而是具有人格力量、具有陶冶性情的东西。孔孟之道安定人心，指导人生的意义，其实就是一种人生哲学、人生的智慧。

面对世界乱象，我们重讲孔孟之道。它是人心的建筑，它真正引导着我们的生活，它是我们文明的最核心的价值。

孔孟之道是落后保守的吗？是和现代没有相干性的死亡的东西吗？当然不是。

（原载《南方周末》2011 年 12 月 22 日第 P03 版）

五伦之情实乃公德之基

5月20日上午，武汉大学国学院院长、博士生导师郭齐勇先生将受邀来济南，在《齐鲁晚报》和山东省图书馆联合举办的大众讲坛作题为《中国文化的根基与核心价值观》的讲座。借助本次机会《齐鲁晚报》特整理郭齐勇教授访谈以飨读者。在访谈中，郭齐勇教授重点阐释了中国传统文化中的“亲亲相隐”“亲属容隐制度”与宪法修正案的关系、儒学与当代社会以及国学的教育推广等问题。

谈刑诉法修改，为何“大义灭亲”让位于“亲亲相隐”

问：您多年撰文，与人探讨中西方容隐制度，并多次与人就儒家的“亲亲相隐”观念展开讨论。并且我们了解到，在刑诉法大修中，“大义灭亲”让位于“亲亲相隐”与您也有一定的关系，您能详细地谈谈这个过程吗？

郭齐勇：多年以来，我不断著文呼吁修改现行刑法、刑事诉讼法、民法、民事诉讼法、行政诉讼法、刑事诉讼规则中鼓励亲人相互告发的相关条款，这些条款中，以阶级斗争为纲的痕迹很重，修改这些条文是为了保障公民的人权、亲情权、容隐权、缄默权、隐私权。

2007年，我的同事与朋友、全国人大代表彭富春教授向全国人大常委会办公厅提交了《关于尽快恢复亲属容隐制的建议》。这个议案是我起草的，彭代表同意后，修改并提交上去了。该建议即被转送到全国人大常委会法制工作委员会和最高人民检察院。2007 年 12 月，这两个单位给彭代表复函表示感谢，肯定关于修改刑法、刑事诉讼法等相关条文，建立“亲亲相隐”制度的建议，并说他们将在修改有关法律的过程中认真研究。这是彭富春教授与我共同努力的结果。其实，法律界有不少专家与实际工作者早就有，而且不断有修改的呼声。

问：今年春，第十一届全国人大五次会议已经通过了《中华人民共和国刑事诉讼法修正案》，规定：“经人民法院依法通知，证人应当出庭作证。证人没有正当理由不按人民法院通知出庭作证的，人民法院可以强制其到庭，但是被告人的配偶、父母、子女除外。”您如何看待这次修改？

郭齐勇：目前刑诉法修正案中有关恢复传统“亲亲相隐”法律制度中的合理因素的内容还是很少的，是初步的和有限的，但这是一个开始，算是起步了。我们往往习惯于过去的一些做法，过多关注办案效率，而忽略了保障公民亲属容隐权的重要性。相信未来我国修法，亲属容隐的范围与程度将更为扩大，更为彻底，更有实际意义。

这一点，要向台湾地区学习，台湾一直沿袭清末以降修法的成果，在民初《六法全书》的基础上，将亲属容隐的原则落到实处，维护亲情，不鼓励告奸。这是儒家法律的传统，与法家法律的传统是背道而驰的。一方面，台湾地区把“亲亲相隐”的观念与法律制度及实践一直坚持下来了；另一方面，台湾地区领导人陈水扁因贪腐而锒铛入狱，由于其家属涉案，其家族腐败案也进入了司法程序，可见以上两者并不矛盾。有人认为，“亲亲相隐”就是绝对的腐败，实行亲属容隐制不利于反腐，其实这是把两件事混淆起来了，不了解儒家亲亲伦理的意义。

问：有人认为讲情感固然重要，但目前中国恰恰是人情太多，公共理性和法治建设不健全，因而理性和法治是首先要强调的，您觉得这种说法是否合理？

郭齐勇：儒家的理念是缘人情而制礼、法，王道本乎人情。先儒说过，人情与情面不同，大抵人情是公，情面是私。现在有些人所说的人情大概指的就是私情或情面。其实，人情是人的真情实感，是人的真实处境及其相应的情感，它也是人性的一种体现。

就拿过去我们所说的五伦来看，其实提倡五伦之情在现在仍有意义。当然，人情和五伦也不完全是情感的东西，他们都是人的基本处境，是存在论的概念，有此处境或社会人伦关系，才有相应的情感。五伦之情，看似是私，其实是公德之基，绝不能废，所谓“老吾老以及人之老，幼吾幼以及人之幼”。

至于裙带关系等不顾天下公义谋求一己之私的行为，则是私情、情面，可以看成是任何社会文化中都有的现象，需要制度上的规范。就儒家本意而论，它是反对的。把这些强加在儒家的头上，似乎儒家伦理导致或专门鼓励人们的自私心理，乃至鼓励贪腐，显然不合事实。我们不能因为社会上存在讲情面导致的腐败问题，就连带取消人情。

在防范腐败的同时，还是要保护人情，这是可以和公共理性、法治建设达成一致的。否则，公共理性、法治建设也无从谈起，没有真情实感的公共理性和法治建设会迅速被工具化或者虚无化，社会冷漠离心，看似公正，其实是没有人性的。有关情理与法理的问题，近几年我谈得很多，合情合理才是好法，良法绝不悖人情。

儒家人文精神可以治疗现代社会的病症

问：您认为儒学将迎来现代的大发展时期。在目前准备时期，我们应该从哪些方面做一些实际工作？

郭齐勇：第一，澄清与批判五四运动以来，20世纪50年代初期以来，特别是“文革”以来的一些对儒学似是而非的看法，拨乱反正，正本清源。长期以来，中国文化，特别是其中的儒学，被妖魔化、矮化了。

第二，教育与社会推广。从基础教育、民间教育抓起，从娃娃抓起，培养学生，培养一代代青年，把四书的教育放到中学去，让全体中学生都学习四书。到企业去，到社区去，用儒学与中国文化协助建构企业伦理、职业伦理，提振民间文化。把“仁爱”的理念与“仁义礼智信”五常等核心价值在民间再植灵根，恢复中国人对儒学与中国文化的自信与认同。

第三，发展对话，尤其是儒学与现代化、马克思主义、自由主义、生态环保主义、女性主义，与基督教、伊斯兰教等宗教的对话，相互批评与沟通。调动儒学思想资源，用于当代公民社会的道德建设。

第四，深入发展儒家学术研究，特别要重振经与经学，其是中国文化的根基，需要培养青年学子学习、研究。钱穆先生讲，五经是中国政治、教育之本。十三经为中国最重要的经典，其中有中国人的信仰系统，有中国精神文明（包含制度文明）最重要的内容。

经学、儒学不是死的，不是博物馆与图书馆，而是活的，有不少内容具有普遍的、永恒的价值，有很多内容则可以创造转化为现代世界与中国的精神食粮，或是作为参鉴。

问：您认为不能把中西之别都讲成古今之异。您觉得儒学可以给发轫于西方的所谓“现代文明”的缺失提供哪些资源？

郭齐勇：当前的科技革命、电子网络等各方面的发展，产生的问题很多，涉及处理各种关系的生命伦理、环境伦理、家庭伦理、社群伦理、网络伦理、空间伦理等，甚至是全球伦理都亟待建设。唐君毅先生曾经说，现代人所面临的荒谬处境是“上不在天，下不在地，外不在人，内不在己”。中华人文精神，特别是儒家的人文精神，可以救治现代人的危机。它强调用物以“利用厚生”，但不会导致一种对自然的宰制、控御、破坏；它强调人文建构，批评迷信，但不消解对天的敬畏和人所具有的宗教精神、终极的信念与信仰。

儒家并不脱离生活世界、日用伦常，相反，恰恰是在庸常的俗世生活中追寻精神的超越。外王事功，社会政事，科技发展，恰恰是人之精神生命的开展。因此，中华人文精神完全可以与西学、现代文明相配合，求得人文与宗教、科技、自然稠适上遂地健康发展。

孔仁孟义不构成中国人走上现代化的阻碍，相反是一种宝贵的资源与助力。

问：近年来，从小学读经到《百家讲坛》的热播，到有声国学读物在年轻人中间流行，国民对国学的关注逐渐呈上升趋势，但您认为现在的国学热只是假热。为什么这么说呢？

郭齐勇：一方面，民间存留着很多善根，国学确有草根性；另一方面，我们又不能不看到，由于社会巨变所发生的诸多新问题，特别是强势的西化趋向的影响，一百多年来文化观念与全民教育的某些失当，国人对国学又相当陌生、隔膜。

第一，国人对祖国历史文化的一些常识，包括四书、《老子》等，不少研究生、大学生都感到陌生。第二，传统文化各门类、各方面，包括民间技艺、经史子集等的传承上，有相当大的断层。五四运动以来，片面的、平面的西化思潮和教育、学术之结构与体制，使得我们这一代甚至前后几代人逐渐丧失了解读前现代文明（或文献）的能力。第三，利欲、金钱、经济利益挂帅，腐化着全社会，使得人文价值、人生意义更加边缘化、狭隘化。第四，有很多知识分子对自己民族的文化及经典缺乏应有的起码的敬畏、尊重和虚心的态度，狂妄自大，数典忘祖。更可悲的是，自鸦片战争以来，国际国内政治、经济、军事的问题常常被简化为文化的问题，传统文化被迫要替现代人所犯的错误负责，文化问题被简化为进步与落后的二分法，传统与现代被打成两橛。

实际上孔仁孟义、礼乐文明不仅不构成中国人走上现代的阻碍，相反是一种宝贵的资源与助力。现在从幼儿到博士所受教育的制度安排，基本上是西化的，青少年学习英语的时间与精力大大超过了学习母语中文的时间与精力。所以说，现在的国学热只是假热。

但中国与世界要得到健康发展，一定要回到孔子，回到四书五经。孔孟之道是世界文化的康庄大道！

（原载《齐鲁晚报》2012 年 5 月 17 日）

德性是有力量的

很多人认为，中国是一个人情社会，公共理性和法治建设不健全，因而理性和法治是首先要强调的，而讲人情则妨碍了法治社会的建设。我认为这个问题值得研究和思考。

今天所谓的德治、法治与古代有着很大区别。社会主义法治保障的是每一位公民的自由与权利，包括政治、经济、社会、文化权利等。社会的管理者与老百姓在法律面前是平等的。而在传统社会，治世者与被治者是不平等的。传统中华法系是伦理法，法治与道德观念、伦理价值相融合，如古代法律不允许以强凌弱、不允许不孝等。而现代政治、法律、伦理、道德是分化的，不是混一的。虽然我们承认法律的本土资源非常丰富，可以做现代转化，今天我们也把诚信等道德价值渗入经济法中，但这里面也仍然与传统伦理法有很大不同。此外，在社会主义法治条件下，两者的关系似乎应该倒过来，德治是法治的补充，整个社会架构和社会秩序是以法治为基础的。这是就治国的普遍、规范、效能与公平而言。德治不再像过去那样凌驾于法治之上，而是贯彻在法治之中。

但是另一方面，儒家德治的理想状况，清明的、良好的政治是靠贤人、有德行修养的人来维系、贯彻的，应当举贤任能，依靠他们去治理百姓、提升百姓，唤起良知，“化民成俗”“淳风俗，正人心”。这在现在依然有它的价值。在古代，治理社会有两种方略：一是“德”，二是“刑”。所谓“德主刑辅”，就是道德精神是法治的根本理念，同时把道德教化放在强力控制之上。这比法家主张的仅仅靠刑赏二柄，靠利益去驱动百姓，显然有更多的人文内涵。德性是有力量的，这种力量的根本在于生命内在的精神感召。“为仁由己”，道德是内在的。道德自由是最高的自由，因为那是自己给自己下命令。一个人遇事当行还是不当行，当止还是不当止，根本上取决于内在自我的命令。内在德性向外展开，却能够有客观的效应，那就是外王事功。因此，社会主义法治离不开道德社群、道德氛围，更离不开道德自我的挺立。无论是从制度的层面看，还是从文化与社会风俗的层面看，离开德治的法治是不可能成功的，只会加深社会内部的信任危机。从这个意义上来说，德治和法治是相辅相成的。

此外，官治、吏治不清是历朝历代忌讳的大问题，它会造成社会不公，大面积的价值失范，伤害活的道德资源，甚至引发动乱。今天的治官治吏当然必须且主要靠法治、靠制度保障，但以德治国，让干部的行政实践充满人文关怀，也不可忽视，首先他们应当有修养，做到道德自律。传统社会的行政任贤制、教育精英制虽有不少弊病，但仍有其合理因素，其重视礼乐文化，主张以礼律身，以乐乐心，仍有现代意义。礼乐文化的重心不在惩人于事后，而是防患于未然。建议对国民，首先是干部，推行最低度（底线）伦理、工作伦理的学习与实践。在物质主义、功利主义、享乐主义泛滥的今天，尤其应如此。儒家的人格理想和人之所以为人之道还有巨大的生命力，很多价值可以继续在市场经济、民主政治的现代生活中发挥积极作用。社会公德教育要以寓教于乐的方式从娃娃抓起，家长与教师的身教胜于言教。自然生态、治安与人文环境是每个人在其中生存和发展的条件，特别是一代代孩子与青年成长的环境。如果不重视人文方面的调理，仁、义、礼、智、信等“五常”生存的空气稀薄，人的心灵或精神会简化为单面的经济人和法律人。人与人之间没有关爱，也是社会治理上的失败。

（原载《北京日报》2013 年 9 月 9 日第 18 版）

“仁”“义”与现代人的精神世界

传统道德仁、义、礼、智、信“五常”是我国古代思想家对中华民族基本道德观念与道德原则的总结，源于春秋，确立于汉代，是安定国家、稳定社会的最普遍的道德规范。孔子继承前辈思想家，分别提出了这些道德规范，孟子明确指出仁、义、礼、智“四德”，尤其强调“仁义内在”。西汉贾谊、董仲舒正式提出仁、义、礼、智、信“五常”之道，将这五种基本道德原则视作人的“常行之德”。“五常”是中华民族最重要的道德规范。

儒家认为“五常”是天赋予人的品性，是人的美德。“五常”不是平列的，这些价值之间是有层次的。“仁”与“义”是核心，《周易·说卦传》:“立人之道曰仁与义。”“仁”又是核心的核心。

一、“仁者爱人”，君子居仁

“仁”是孔子思想的中心观念，也是中国哲学的中心范畴之一。孔子界定“仁”为“爱人”——“樊迟问仁。子曰:‘爱人。’”(《论语·颜渊》)孔子继承周公以来的人道主义传统，以爱人、同情人、关切人，包括爱、同情、关怀下层百姓，作为“仁”的主旨。

孔子曰:“夫仁者，己欲立而立人，己欲达而达人。能近取譬，可谓仁之方也已。”(《论语·雍也》)这是说，一个有仁德的人善于推己及人：自己在社会上站得住，同时启发、帮助别人，让人家也在社会上站得住；自己通达了，同时启发、帮助别人，让人家也通达于世。人们都可以从自身、从当下的生活中一点一滴地去做，这是实践仁道的方法。孔子的意思不是外在强加地使别人立或达起来，而是创造一种气氛或环境，让人家自己去挺立自己的生命，懂得礼，在社会上站得住并通达人间，这才是仁人的品格。这是讲“仁”之内涵的“忠”的一面，尽己之心、奉献，即人有所为的一面。

“仁”之内涵的另一面是“恕”。孔子指出，君子终身奉行的“恕道”是：“己所不欲，勿施于人。”（《论语·卫灵公》）自己所不想要的东西，绝不强加给别人。例如我不希望别人羞辱自己，那我绝不要羞辱别人。也就是说，尊重别人，是别人尊重自己的前提。这里强调的是一种宽容精神与理性沟通的态度，设身处地为别人着想。这是讲“仁”之内涵的“恕”的一面，推己之心、将心比心，即人有所不为的一面。

以上是一体之仁的两个方面，综合起来，就是仁道原则；推而广之，是人与人、国家与国家、民族与民族、文化与文化、宗教与宗教间相互关系的准则，乃至是人类与草木鸟兽、瓦石山水的普遍和谐之道。“仁”的内涵包括物我之间、人人之间的情感相通、痛痒相关。

“仁”又是最高的道德境界。认识到“仁”是人安身立命的根据，不管生活是穷困抑或安乐，都以“仁”为人生的最高追求。儒家将“仁”作为人生的目的。没有仁德的人，经不起困顿、贫贱的考验，也经不起安逸、富贵的考验。不仅逆境是考验，顺境也是考验。人的一生，会遇到无数坎坷，也会遇到安乐，这都是锻炼自己的心志、人格的机缘。

孔子说：“富与贵，是人之所欲也，不以其道得之，不处也。贫与贱，是人之所恶也，不以其道得之，不去也。君子去仁，恶乎成名？君子无终食之间违仁，造次必于是，颠沛必于是。”（《论语·里仁》）发大财，做大官，这是人人所盼望的；然而不用正当的手段去得到它，君子也不接受。不用正当的手段摆脱贫贱，君子也不接受。君子即使在吃完一顿饭这样短暂的时间内，也未离开过仁德，就是在仓促匆忙、颠沛流离的时候，都与仁德同在。人生存的价值就在于他能超越自然生命的欲求。

二、“仁”与“义礼智信”

孟子说：“亲亲，仁也；敬长，义也。”（《孟子·尽心上》）就是说，仁是亲亲的扩大，义是敬长的扩大。他又说：“言非礼义，谓之自暴也；吾身不能居仁由义，谓之自弃也。仁，人之安宅也；义，人之正路也。旷安宅而弗居，舍正路而不由，哀哉！”（《孟子·离娄上》）就是说，出言破坏礼义，这就叫作自己残害自己；自己认为不能以仁居心，不能由义而行，这便叫作自己抛弃自己。仁是人类最安适的住宅，义是人类最正确的道路。把最安适的住宅空着不去住，把最正确的道路舍弃不去走，可悲得很呀！

孟子从亲爱亲人出发来界定仁、义，但仁、义二者的内涵有所不同。“敬长”“从兄”，表达了“义”含有“敬其所当敬”的意思，即行仁有一定的范围、等级、边界和分寸感。孟子的“居仁由义”是说居住在仁里，行走在义上。义是行走的正路，是行仁的人实现仁的道路。他又说：“杀一无罪，非仁也；非其有而取之，非义也。”（《孟子·尽心上》）“人皆有所不为，达之于其所为，义也……人能充无穿逾之心，而义不可胜用也。人能充无受尔汝之实，无所往而不为义也。”（《孟子·尽心下》）不该由自己所得的东西，却去取了过来，是不义。每个人都有不应当做的事，把它扩充到所肯干的事上，不做一切不应当做的事，就是义。人能够把不“挖洞跳墙”（即不偷窃）的心扩而充之，义就用不尽了。人能够把不受轻贱的实际言行扩而充之，有惭忿之心，自己所有的言行都不会招致别人的轻贱或贬斥，那无论到哪里都合于义了。在这里，“义”含有尊重别人的所有权，不侵犯别人的利益，尊重别人的社会地位和遵守一定的社会规范的意思，那同时也就是尊重自己，守住自己的本分。孟子以仁为“恻隐之心”，强调“不忍”，而以义为“羞恶之心”，强调“不为”。

“义”是对事情“应当”与否的判断及由此而引发的行为。“义”的主要含义是“应当”，是“正当”，是“合宜”。孔子讲：“君子义以为上。”（《论语·阳货》）“君子喻于义，小人喻于利。”（《论语·里仁》）“不义而富且贵，于我如浮云。”（《论语·述而》）前引孟子所说“义”是人所当行的路等，都是对孔子这些思想的发挥，也是对“公正”“正义”的肯定。

广义的“仁”兼包“五常”“四维八德”中的诸德目（包括忠、孝、廉、耻等），狭义的“仁”则是“五常”之一。仁、义、礼、智、信“五常”以“仁”为内核。儒家的仁爱，是推己及人，即把亲爱亲人之心一层层向外推，如孟子所说的“亲亲而仁民，仁民而爱物”，也如张载《西铭》所说的“民吾同胞，物吾与也”。“仁”是天、地、人、物、我之间的相互感通和相互润泽。《中庸》说：“仁者，人也。”在儒家看来，“仁”是人的最高精神境界，也是人之所以为人的最高标准，是最高的道德原则。

《中庸》记载孔子回答鲁哀公问政时说：“仁者，人也，亲亲为大。义者，宜也，尊贤为大。亲亲之杀，尊贤之等，礼所生也。”

这涉及仁、义、礼的关系。仁就是爱人，博爱众生。其中亲爱自己的父母是仁中的大事，仁是把爱亲之心推广到爱民、爱百姓。义能分别事理，各得其宜，其中尊重贤人，把贤人提拔起来为社会服务是最合宜、正当的事。“亲亲之杀”的“杀”读“晒”，是降等的意思。爱亲有主次、程度之分，尊贤有厚薄、等级之分，这些就是从礼中产生的。

至于仁、义、礼、智、信等德目的内容与关系，孟子说：“仁之实，事亲是也；义之实，从兄是也；智之实，知斯二者弗去是也；礼之实，节文斯二者是也；乐之实，乐斯二者，乐则生矣。”（《孟子·离娄上》）就是说，仁发端于侍奉父母，义发端于敬顺兄长。扩而充之，爱别的老人是仁，敬所有的年长者是义。仁兼义，但义不兼仁。仁、义高于礼、智，它们所处的层次不同。明白仁、义的道理而坚持下去是智。智是人对仁、义、礼的了解。对仁、义的重要内容能合宜地加以调节，适当加以修饰是礼。礼是社会的行为规范。从侍奉父母、尊敬兄长中得到快乐，就是乐。

实际上，仁、义、礼、智、信等德目也是相互制约的。例如仁与礼，仁为礼之内涵，礼才不至于流于形式。孔子强调仁是礼的本质，又肯定“让”“敬”为礼的内容，孟子认定礼为“恭敬”或“辞让”之心。王船山主张“仁体礼用”，即以仁为本体，礼为功用。另一方面，礼为仁之节度，以礼节仁，过其所爱曰侵。故仁爱，亲情友情之爱，博爱之谓仁，又不是没有节制的。儒家讲居仁由义，以仁为境界，义为道路，而以礼为门径。礼把仁与义的秩序、层次、节度等规定了下来。而仁、义与礼之间又有张力，君子人格的养成，正在此张力中实现。孔子所谓“克己复礼为仁”，是说君子守礼、节制欲望与行为，是培养仁德的重要方法。“智”在这里主要是指对道德的认识，即道德是非、善恶的判断和道德知识的积累。孟子把道德的“智”界定为“是非之心”。

孔子说：“君子义以为质，礼以行之，孙以出之，信以成之。君子哉！”（《论语·卫灵公》）这是说，君子对事业，以合乎道义、适宜恰当为原则，依礼实行它，用谦逊的语言说出来，用诚信不欺的态度完成它，这才是真正的君子。这表明“信”必以礼、义为前提，与礼、义相补充。孔子又说：“信近于义，言可复也。”（《论语·学而》）许诺的言只有合于义，才能兑现。违背道义、礼制的，不必信守。

三、“五常”与现代人的生活世界

“五常”有草根性，是历朝历代志士仁人与普通老百姓内在的生活信念与道德律令。“五常”的内涵，通过蒙学读物、民间谚语与故事、家训、家礼等，通过家教与民间社会生活与信仰，渗透到世世代代中国人的生活世界中。老百姓评价周围的人，常说这个人“仁义”，那个人“不仁义”等。

现代普通中国人的内心世界中仍然有“仁义”，有“五常”。天津白芳礼老人，靠自己蹬三轮车的收入帮助贫困的孩子实现上学的梦想。从 74 岁蹬到将近 90 岁，他省吃俭用，挣下 35 万元人民币，资助了 300 多名贫困学生。

我们的广大民众，仍然信奉着仁义这样一些最基本的核心价值。五常之德仍可以存于现代社会，化为“老吾老以及人之老，幼吾幼以及人之幼”的行为，化为对人类、民族、国家、社会、团体的奉献精神。持守道义，主持公道，诚实守信，礼貌待人，言行一致，仍是我们做人的准则。

当下与未来社会的发展，仍需要价值引导。面对人与人之间，人与社会、群体之间等诸多问题，我们的传统核心价值仍有着重大意义。在做人做事的各方面，在人性修养、整饬官德吏治、加强廉政建设等方面，传统核心价值观仍有效用。仁、义、礼、智、信等价值仍在老百姓的生活与生命之中，只要我们有文化自觉，善于启导，协调整合，这些价值仍然会成为我国发展的软实力。“五常”正是社会主义核心价值体系的道德文化土壤！

（原载《人民论坛》2013 年 10 月上，总第 418 期）

中国梦的文化底蕴

所谓“中国梦”，指的是中华民族的伟大复兴的理想。这主要是针对近代中国积贫积弱，遭受到西方列强的凌辱而言的。今天，中国强盛起来了，中国人的脊梁挺立起来了，近代仁人志士的梦想初步得到了实现。同时，中华民族的全面复兴还在过程之中。

实现中国梦有若干前提条件，其中之一是要认识中国文化自身的价值与意义。因为中国梦是中国人在自身文化的基础上逐步实现的，我们的文化底蕴是我们实现理想的土壤。这就要有文化认同、文化自觉与文化自信。

一、重新发现中国文化

我们需要重新发现、重新认识中国与中国文化。

中国文化博大精深、源远流长、多元一体。中华历史、民族、文化是在多样化的发展中逐渐统一的，在五千多年甚至更长时期里，中华多民族融合，多文化融合。从文明比较的角度来看，世界几大古文明，只有中国文明一以贯之，延续至今，没有断裂，没有在外来文化的冲击下发生大的变异。雅斯贝斯所说的轴心文明时代（指公元前 8 世纪到公元前 2 世纪），世界原典文明勃兴，最有代表性的文化典范人物诞生。但从彼时至今，从人种与文化两方面来看，只有中华人种与中华文化一以贯之地延续下来了，没有中断。其中的机理是“和而不同”，保留差异，多样统一。中华文化的消化力、融摄力很强。中华各民族文化长期相互融合形成了相对可以兼容的心理、思想与行为方式、价值取向、民族性格，形成了中华民族的向心力、凝聚力、共同的信仰信念，这是维系协调各民族的润滑剂，也是中华各民族自强不息的原动力。

在物质层面的文明上，过去说中国古代有四大发明（指南针、火药、造纸术、印刷术），这是不错的，但这是沿袭培根的说法。四大发明很了不起，还有比这四大发明更重要的发明：青铜器、漆器、丝绸、瓷器等，其精湛高超的制造工艺，无一不体现了中华文明的博大精深。此外还有茶叶、算盘，等等。中国古代有诸多科技发明，凝聚了中华民族的智慧结晶，曾经贡献给全人类，起着改变世界的作用。据考古学家们确证，我国有一万年的水稻栽培史。早在汉代的时候，就有丝绸之路连接了东西方，中国的瓷器、丝织品、漆器陆续传往欧洲并大受欢迎，冶铁、养蚕、丝织、造纸等技术也相继西传。到宋元时期，我国的陶瓷通过海上交通风靡全球。今天，我们还需要深入探究古代天、地、数、医、农学之奥秘。

在社会层面的文明上，中国古代社会大而政府小，有很多自治组织，士绅阶层的作用很大，社会基本自治。传统中国是儒家式的社会，社会管道、中间组织很多，例如以宗族、家族、乡约、义庄、帮会、行会（到近代转化为商会、农会、工会）等为载体，以民间礼仪、节日与婚丧祭祀活动，村社活动，学校、书院讲学活动，士农工商的交往等为契机，在一定意义上属于社会自治、地方自治。传统中国绝非由政府包打天下，而是主要靠血缘性的自然团体及其扩大化的社会各团体来治理社会，这些团体自身就是民间力量，它们保护了民间社会与民间力量，包含家庭及私人空间。它们往往与政权力量相抗衡又相协调，在平衡政权力量的同时，又起到政权力量所起不到的多重作用，如抑制豪强、协调贫富、保障小民生存权、教化民众、化民成俗、安顿社会人心等，又起到慈善机构的作用，如扶助、救济贫弱，以“学田”等形式支持并资助农家、平民子弟接受教育、走上仕途等，乃至对抗专制政府的恶法与法家以国家权力破坏亲情及私人领域的若干做法。

在制度层面的文明上，中国古代的行政、司法制度，土地、赋税等经济制度，征辟铨选制度（荐举、考试），文官制度，教育制度（开放教育，平民子弟通过接受教育参与政治甚至最高政治），荒政、赈灾的制度，优待老人与弱势群体的制度，这些制度中有不少实质公正的内涵与制度设计的智慧，对人类文明的贡献极大。我国汉代的文官政治、文治政府，相对于罗马的武人专政不知要文明多少倍。由儒家推动、建构的君相制、三省六部制，一直到谏议制、监察制、回避制等，至今仍有意义。中国古代的官制是十分丰富的宝藏，不乏对权力的制衡与监督等制度建构。儒家通过天神崇拜、天命论与革命论、民间舆论的震慑，特别是文治政府及其制度，来批评、监督、限制君权。西方的文官制度主要来自英国，而英国的文官制度是以中国科举制度为榜样建立起来的。这是中国的制度文明对世界的贡献。

在观念与价值层面的文明上，儒家“仁爱忠恕”、墨家“兼爱非攻”、道家“道法自然”、佛家“慈悲为怀”、宋明理学家“民胞物与”等理念，成圣人贤人、成真人至人、成菩萨佛陀的理想人格追求，一系列修养功夫论等，都是了不起的调节身心的安身立命之道，都是对世界文明的伟大贡献。例如，儒家思想在欧洲启蒙时代起过重要作用，深刻影响了莱布尼茨、沃尔夫、伏尔泰、魁奈及“百科全书派”的狄德罗和霍尔巴赫等人。孔子的“己所不欲，勿施于人”的思想经伏尔泰的推崇，被写入《人权宣言》等政治性文件，深刻地影响了西方的人权与伦理思想。法国1789年由制宪会议通过的《人权宣言》是人类历史上第一部正式的人权宣言，其中即引用了孔子的这一理念。孔子的精神在美国1776年的《独立宣言》中也有所体现。《独立宣言》第二条为：“人人获得天赋的若干规定而不可移的权利。”杰弗逊解释说：“此段之精神得自孔子。”1946年，罗斯福总统的夫人领导的联合国人权委员会在起草《世界人权宣言》的过程中，人权委员会副主席、中国代表张彭春先生把儒学的原则、孔子的智慧贡献给《世界人权宣言》，并促成了《世界人权宣言》的形成与通过。1993年在美国芝加哥召开的世界宗教会议上，6500名来自世界各地的宗教界领袖、神学家及其他人士，通过了由孔汉斯先生起草的《走向全球伦理宣言》，其中，孔子的“己所不欲，勿施于人”被作为全球伦理的基石。由此可见中国的精神文明对世界的贡献。这足以驳斥西方政治家所谓中国人没有向世界贡献价值观的妄言。

二、中国文化精神的特质

关于中国传统文化的基本精神与特色，学界见仁见智，我综合张岱年、胡秋原等前辈的论述，提出如下六点：

第一，和而不同，厚德载物。重视人与自然之间，各族群之间、各民族之间，人与人之间的和谐统一的关系。所谓“天人合一”是经过区分天、人、物、我之后，重新肯定的人与自然的统一，强调的是顺应自然而不是片面征服自然。在观念上形成了“协和万邦”“天下一家”的文化理想，既重视各民族及其文化、宗教的差异性、独特性，又重视和合性、统一性。在人与人的关系问题上，善于化解与超越差异与对立，主张仁爱、和为贵与协调性，有民胞物与的理想，厚德载物，兼容并包，爱好和平，从不侵略别人，反对以力服人，主张“远人不服，则修文德以来之”。

第二，刚健自强，生生不息。中国文化凸显了积极有为、自强不息的精神，强调“苟日新，日日新，又日新”，革故鼎新，创造进取。所谓“发愤忘食，乐以忘忧”“天行健，君子以自强不息”，就是指人要向天地学习，以刚毅的精神，生生不息，奋斗不止，决不懈怠。中国人因此创造了世界上独特的文明，而且是世界上唯一未中断的文明。无数的仁人志士奋发前行，不屈服于恶劣的环境、势力与外来侵略者的凌辱压迫，刚健坚毅精神代代相传。

第三，仁义至上，人格独立。我们以仁义为最高价值，崇尚君子人格，肯定“三军可夺帅也，匹夫不可夺志也”，“富贵不能淫，贫贱不能移，威武不能屈”的大丈夫精神，弘扬至大至刚的正气，舍我其谁的抱负，乃至“不识一个字，亦须还我堂堂地做个人”，强调人人都有内在的价值与不随波逐流的独立意志，以“知其不可而为之”的气概，守正不阿，气节凛然，甚至杀身成仁，舍生取义。

第四，民惟邦本，本固邦宁。强调“天视自我民视，天听自我民听”“民之所欲，天必从之”“人无于水监，当于民监”“民为贵，社稷次之，君为轻”。民本主义肯定人民是主体；人君之居位，必须得到人民的同意；保民、养民是人君的最大职务。

第五，整体把握，辩证思维。中国古代不缺乏抽象思维，有明确的概念、范畴。古代辩证思维发达，这属于理论思维，包含了抽象过程。中国思维有两大特征：一是整体观，二是阴阳观。

前者从整体上把握世界或对象的全体及内在诸因素的联系性、系统性，反对“头痛医头，脚痛医脚”；后者重视事物内在矛盾中阴阳等关系的对立与平衡。

第六，经世务实，戒奢以俭。我国有经世与务实精神，强调知行合一，践形尽性，经国济民，兼重文事武备，明理致用，反对空谈高调。又有尊重劳动的精神，倡导勤俭节约，力戒骄奢淫逸，鄙视不劳而获。

我个人认为以上六条可以成为中国梦的文化底蕴，即中华民族伟大复兴的历史文化基础。

三、古为今用 创造转化

我们坚持古为今用，绝不主张食古不化。实际上，中国古代文化可以作创造性的现代转化。

例如中国古典的社会理想，或者说中国梦，代表性的话语应是《礼记·礼运》的作者假托孔子所说的话：“大道之行也，天下为公。选贤与能，讲信修睦。故人不独亲其亲，不独子其子，使老有所终，壮有所用，幼有所长，矜寡孤独废疾者皆有所养，男有分，女有归……是故谋闭而不兴，盗窃乱贼而不作，故外户而不闭。是谓大同。”这是儒家所设想的远古时期“天下为公”的“大同”之世，也可以说是古代中国人的梦想：天下为人民所公有，选举贤能的人来治理社会，人与人之间讲求信用，和睦相处。人们不只爱自己的双亲，不只抚养自己的子女，而是使所有老年人都能得到赡养，壮年人有工作做，幼儿能得到抚育，年老丧夫或丧妻而孤独无靠的人及残疾人都能得到照顾与优待；男人都有自己的职分，女子都能适时婚嫁；爱惜财物、民力，但绝不据为己有。因此，阴谋诡计不能得逞，盗窃和乱臣不会产生，外出不用关门，这就是大同社会。这就是“天下一家”“中国一人”的社会理想。

儒家主张满足人民的基本公正合理的要求，强调民生，制民恒产，主张惠民、富民、教民，缩小贫富差距，对社会弱者、老弱病残、鳏寡孤独和灾民予以保护。其推行的文官制度、教育制度，为平民、为农家子弟提供了受教育及参与政治的机会。其天下大同、天下为公的社会理想与社会正义观、公私义利观是历代儒生的期盼，也是他们批判现实的武器。这一思想的前提是：其一，人民是政治的主体；其二，人君之居位，必须得到人民之同意；其三，保民、养民是人君的最大职务。

天下为公的社会理想在今天还仍有意义，即我们增加就业，大力帮扶弱势群体，关心农村留守妇女儿童，保障农民工及其子女的权益，帮助革命老区、少数民族地区、边疆地区、贫困山区尽快脱贫等举措，有助于遏制贫富差距扩大，缓和社会矛盾和冲突等亦是实现中国梦的题中应有之义。

所谓“忠厚传家久，诗书继世长”，两千多年来，农家、平民子弟通过宗族祠堂与家庭教育（有言之教与无言之教，但更多的是无言之教）世世代代传承的精神信念，其主流的价值仍然是友善、仁爱、孝慈、正直、良心、忠信、为人着想，堂堂正正地做人做事。老百姓接受的并影响他人的生活哲学，是带有儒家文化密码的忠臣义士的故事及蒙学读物、家训、治家格言、善书与民谚民谣中的仁慈善良、廉洁勤谨、忠于职守、与人为善、积善成德，如“勿以善小而不为，勿以恶小而为之”“积善之家必有余庆，积不善之家必有余殃”“老吾老以及人之老，幼吾幼以及人之幼”等，以及《三字经》《百家姓》《千字文》《千家诗》《弟子规》中的一些内容。这些价值通过唱戏的、说书的人之口，通过三老五更、家人乡亲口耳相传，耳濡目染，逐渐在民间扎根。这些东西在中国起的作用，如同基督教在西方发挥的作用。

仁义礼智信等我国的传统美德，至今仍是活着的、有生命力的价值理念。普通的老百姓，例如蹬三轮车捐钱给贫困生的白芳礼老人，奋不顾身救学生的“最美女教师”张丽莉，道德模范吴天祥，防治艾滋病的专家桂希恩，“信义兄弟”孙水林、孙东林，以及一些青年志愿者，仍然继承并践行着中华文明的优良美德，以一颗仁爱之心，诚朴信实，时时处处为他人着想，爱利他人，服务社会。

五四运动以来，强加给中国文化的有很多似是而非的东西，需要我们拨乱反正，正本清源。作为中国人负面的国民性或所谓“丑陋的中国人”等的揭露，有些过头，伤害了我们的民族性。尔虞我诈，内斗内耗，我们出现过一些丑恶的现象（其实西方也有），但人们往往就会把账算在国民性上，或要中国文化、儒家文化承担责任。我们要把中华民族文化的真髓，养育、凝聚老百姓的真诚的理念，作为中华民族这样一个多民族国家的族群认同、文化认同与伦理共识的仁爱思想、浩然正气、正道直行、人格修养等等，大大地弘扬出来。我们要把这些百姓日用而不知的，在民间留存的孝悌忠信、礼义廉耻等道德资源加以保护、拓展。

（原载《党建》2014 年 3 月第 3 期）

传承文化基因，彰显精神标识

习近平同志最近发表一系列重要讲话，深刻阐述了社会主义核心价值观与中华优秀传统文化的内在联系。他指出：“中华文明绵延数千年，有其独特的价值体系。中华优秀传统文化已经成为中华民族的基因，植根在中国人内心，潜移默化影响着中国人的思想方式和行为方式。今天，我们提倡和弘扬社会主义核心价值观，必须从中汲取丰富营养，否则就不会有生命力和影响力。”这表明，培育和弘扬社会主义核心价值观必须立足中华优秀传统文化，努力传承这个文化基因、彰显这个精神标识。

一、深刻认识我们的文化基因和精神标识

习近平同志强调，要深入挖掘和阐发中华优秀传统文化中讲仁爱、重民本、守诚信、崇正义、尚和合、求大同的时代价值。这六个方面的内容，实际上是对中华民族长期形成的文化基因和精神标识的集中概括。文化基因与精神标识离我们的生活并不远，是千百年来百姓日用而不觉的为人处世之道，具有很强的生命力。认识我们的文化基因和精神标识，可以围绕上述六大范畴，具体分析与理解一些单个汉字与成语、命题、理念。从单字来看，有“五常”中的仁、义、礼、智、信，“四维八德”中的孝、悌、忠、信、礼、义、廉、耻，以及学、爱、善、德、诚、敬、恕、和、俭、正、

公、道、理、武、勇等。从成语、命题、理念来看，有仁者爱人、与人为善、义以为质、天下为公、天人合一、协和万邦、和而不同、民贵君轻、载舟覆舟、民惟邦本、本固邦宁、自强不息、厚德载物、民胞物与、博文约礼、尊师重道、修身、慎独、三达德、三不朽、至大至刚、浩然正气、精忠报国、杀身成仁、舍生取义、文治武功、文事武备、德本财末、戒奢以俭、俭以养德、兼爱非攻、守正不阿、独善其身、兼济天下、知行合一、经世致用、明体达用，以及民间流行的百善孝为先、家和万事兴，等等。

二、着力增强文化自信和价值观自信

上述理念、范畴所体现的文化基因和精神标识是社会主义核心价值观建设的重要思想资源。我国古人非常注重“立本”，强调“君子务本，本立而道生”。今天，在培育和弘扬社会主义核心价值观的问题上也是如此。社会主义核心价值观要深入人心，就必须追根溯源，用好中华优秀传统文化这一“源头活水”。为此，需要切实纠正历史虚无主义的错误观念和做法，着力增强我们对中华优秀传统文化和中华传统美德的文化自信与价值观自信。英国前首相撒切尔夫人说中国只能生产电视机，不能贡献给世界以价值观。这种说法是非常狭隘与罔顾历史的。实际上，我国的制度文明特别是文官制度以及思想文化中的精华，曾获得西方启蒙时代思想大师们的青睐与借鉴。在近代“东学西传”的过程中，以“仁爱”“诚信”“人本”“和平”为主要内容的儒家文化通过传教士传到西方后，曾为莱布尼茨、沃尔夫、伏尔泰、魁奈与“百科全书派”的狄德罗和霍尔巴赫等人所重视。在法国近代的《人权宣言》及第二次世界大战后联合国发布的《世界人权宣言》中，都引用了《论语》“己所不欲，勿施于人”的论断。“己所不欲，勿施于人”及进一步的“己欲立而立人，己欲达而达人”，集中体现了儒家“仁爱为本”的价值理念，具有超越时空和国界的重大意义与价值，被国际伦理学界誉为道德的“黄金律”。

三、持续开展中华优秀传统文化和中华传统美德教育

十年树木，百年树人；百年大计，教育为本。传承我们的文化基因，彰显我们的精神标识，教育是基础和根本。中华优秀传统文化和中华传统美德教育要从娃娃抓起，使之贯穿于家庭教育、学校教育、国民教育、社会教育的整个过程与各个环节。讲仁爱、重民本、守诚信、崇正义、尚和合、求大同既是公德要求，也是私德要求。公德的建构以私德为基础，做一个好人是做一个好公民的前提。应从家庭教育开始，配合学校教育与社会教育，让孩子们从小培养仁爱之心，懂礼仪、知廉耻，逐步“志于道、据于德、依于仁、游于艺”“兴于诗，立于礼，成于乐”，成为既有中华优秀传统文化和中华传统美德修养，又身体力行社会主义核心价值观的当代君子。

（原载《人民日报》2014 年 8 月 14 日第 7 版）

护持精神命脉，加强人文教化

习近平同志在中共中央政治局第十三次集体学习时强调：培育和弘扬社会主义核心价值观必须立足中华优秀传统文化。牢固的核心价值观，都有其固有的根本。抛弃传统、丢掉根本，就等于割断了自己的精神命脉。博大精深的中华优秀传统文化是我们在世界文化激荡中站稳脚跟的根基。这一重要讲话，使我们进一步坚定了弘扬中华优秀传统文化、推进社会主义核心价值观建设的自信与自觉。

一、弘扬中华优秀传统文化是强基固本工程

在上述讲话中，习近平同志两次讲“根本”，一次讲“根基”，而且是“固有的根本”“站稳脚跟的根基”。这表明：中华优秀传统文化是社会主义核心价值观的立足之基，弘扬中华优秀传统文化是社会主义核心价值观建设的强基固本工程。

培育和弘扬社会主义核心价值观，要求我们护持好中华优秀传统文化这一精神命脉。中华文化积淀着中华民族最深层的精神追求，代表着中华民族独特的精神标识。有人说，今天的中华文化已然是中西方文化浑然一体的产物，已难分彼此了。在一定意义上诚然可以这样说。但从根本上讲，中华民族在几千年未间断的发展中，创造、形成了自己的独特文化、民族精神、价值系统，

以及天、地、人相接相处的智慧，这是中华民族的灵魂与中华文化的本体，是我们固有的根本与精神命脉。其中，讲仁爱、重民本、守诚信、崇正义、尚和合、求大同等思想文化和价值理念，具有历久弥新的时代价值。今天，我们仍然要以博厚高明的中华民族精神作为中国与中国人的灵魂，以深长久远的中华民族的价值系统作为中国与中国文化的本体。

二、充分发挥道德人文教化的主渠道作用

《礼记·学记》曰："建国君民，教学为先。""君子如欲化民成俗，其必由学乎？"我国传统教育是大系统的教育，是道德人文教化，包括今天我们所说的家庭教育、社会教育、学校教育及其综合。在弘扬中华优秀传统文化、推进社会主义核心价值观建设的实践中，应充分发挥道德人文教化的主渠道作用。

加强中华优秀传统文化教育，应形成相应的教育体制、机制与氛围，通过学校教育、理论研究、历史研究、影视作品、文学作品等多种方式，利用现代传播手段，以寓教于乐的方式，在社会各界开展国学基本知识普及教育。中华优秀传统文化教育要进家庭、社区、街道、乡村、校园、企业、机关、军营，这样才能将传统文化中的思想精华更好地传承下去。

在优秀传统文化的传承方面，各级教育行政部门应有自觉和作为。除了家庭教育之外，中小学基础教育在国民人格养成上是最为重要的环节。国民教育中应增加国学教育的内涵，其核心是中华民族精神信念、价值观念与人格情操教育。小学低年级学生可以多学一点蒙学读物、家训、古典诗词与论文的名篇，小学高年级学生可以适当读一点四书、《史记》选录。同时，应增加中

小学语文教材中古诗文的比重，让丰富多样的中国古典文献如四书五经、先秦诸子散文、六朝与唐宋文选、宋明理学、历代家训家书中的更多内容进入教材，特别是应丰富诗教、书教、礼教、乐教的内容。对大学来说，可以借鉴当年西南联大的经验，对各学科的大学生、大专生开设一门必修课——“大一国文”，主要精选古典名篇，指导大学生们精读，涵养大学生的心性，培养大学生的人格理想和人生智慧。所有大学的通识教育都应设核心课程，这些核心课程应是中外经典的导读课程，其中我国经典可以四书五经、前四史、诸子等经典为主。此外，应加紧培养一大批德业双修的中华传统文化的师资人才，一大批能整理和研究经、史、子、集与各地域民间文化与宗教典籍的专门人才。

（原载《人民日报》2014 年 4 月 11 日第 7 版）

如何解读孔孟的亲情伦理?

十多年来，学界围绕着《论语·子路篇》第十八章“父子互隐”章与《孟子》论舜的两章（“桃应问曰”章与“万章问曰”章）展开了激烈的论战。有人误读这三章，甚至以此作为孔孟之道是现代腐败根源的铁证。我与同道之所以要驳斥这些谬论，是因为这关系到如何解读古代思想史资料的问题。五四运动以来，尤其是“文革”以来，有很多人戴着有色眼镜，习惯于大批判的非此即彼的套路，已不能读懂古书。

一、读懂文本，理解真义

首先我们略说一下“父子互隐”章：

> 叶公语孔子曰：“吾党有直躬者，其父攘羊，而子证之。”孔子曰：“吾党之直者异于是：父为子隐，子为父隐，直在其中矣。”（《论语·子路》第十三）

刘宝楠《论语正义》对此章做了很长的注释，此注总结前贤的释读，引证相关文献中对这一故事的论说，应是比较完整、准确的。“攘”是“有因而盗”之意，即“凡六畜自来而取之曰攘也”。“证”是告发。“直躬”是楚人，以直闻名，但此人是沽名钓誉，买直名的人。据《韩非子·五蠹》，因攘羊事，直躬向官府告发其父，楚令尹要杀他，认为他“直于君而曲于父”，最后把他抓了，治了罪。又据《吕氏春秋·当务》，直躬告父后，上面要杀其父，直躬又请代父受诛。将诛，他对吏说，父攘羊，我向官府告发了，这是信；将杀父，我代父受诛，这是孝。这样信而孝的人被杀，国家还有不杀的人吗？吏报告荆王，荆王就不杀他了。孔子听闻后说，这个直躬哪里有什么“信”呢？他“一父而载取名”，即利用其父，两次得到“直”的好名声，此“不若无信”。

关于“隐”字，孔子曾说：“言及之而不言谓之隐。”（《论语·季氏》）刘宝楠《论语正义》仍沿用《说文解字》注为“蔽”，进一步，他又引郑玄注《礼记正义·檀弓》“事亲有隐而无犯”的“隐”：“隐谓不称扬其过失也。”在这里，“隐”有两个义项：一是不公开言说、告发，二是微谏。在儒家的语境中，如果儿子遇到这样的事，不只是隐讳不公开，同时还要在私底下微谏，低声细语地批评父亲，讲清道理，让他把不请自来的羊送还给羊的主人。在处理这类事情中，父子之间不公开扯破脸皮，效果会更好。在这里，“隐匿”“隐讳”是消极的不作为、不公开告发与声张之意，但这并不能解读为积极的“隐匿错误”，今人用该语则含有积极“藏匿”义。[①]

以下我们主要就《孟子》论舜的两章，略作讨论。

> 桃应问曰：“舜为天子，皋陶为士，瞽瞍杀人，则如之何？”孟子曰：“执之而已矣。”“然则舜不禁与？”曰：“夫

① 林桂榛：《关于“亲亲相隐”问题的若干辨正》，载郭齐勇主编《〈儒家伦理新批判〉之批判》，武汉大学出版社，2011 年，第 426 页。

舜恶得而禁之？夫有所受之也。”“然则舜如之何？”曰：“舜视弃天下犹弃敝蹝也。窃负而逃，遵海滨而处，终身䜣然，乐而忘天下。”（《孟子·尽心上》凡四十六章）

有人说舜命令司法官皋陶逮捕了其父，但从以上原文看，舜何曾具体下达过命令？皋陶逮捕瞽瞍，乃其天职所在，不待舜的命令而自觉为之。舜并不能干预司法，他与皋陶的名分与权力都分别有所授受。足见在孟子的思想世界中，“权”（权力）与“法”是并列独立的。

父子或亲人间的情感的陪护、容隐制度，是东西方之通理通则，目的是护持天赋的具有神性意义的人类最基本的感情；亲情是人类与族类生存的根本，是家国天下正当秩序得以维系的中心。当几个价值发生冲突时，人类的智慧是维护最高价值。孟子与桃应的讨论，是很有深意的伦理两难推理的设计，其高超的智慧绝非直线式的批评者所能理解。实际上，孟子师徒假设的舜的应对方略，既维护了司法公正，又避免了公权力的滥用，而以舜放弃公权力、自我放逐来保全忠孝、情法之两边。舜如果真的背着老父逃到当时物质匮乏到极致的海滨，那也是一种自我流放，而且既然放弃了公权力，何谈“腐败”？

每一个人同时是伦理的人与政治的人，故孟子的设计中，“执之而已矣”，是作为政治的人的应对，而“窃负而逃”是作为伦理的人的应对。当然，如上所述，这二者不是平列的。有人对“终身䜣然，乐而忘天下”颇为诟病，抨击“亚圣”孟子乃至整个儒家无理性、无正义、无公德云云，事实上这是由于论者只习惯于挑拣只字片语行大批判，而不肯读书，不知道孟子的这一论说在《孟子》文本中的前见与前理解，即拥有天下的权势富贵，非儒家君子的所乐所欲。孟子说：“君子有三乐，而王天下不与存焉。”“广土众民，君子欲之，所乐不存焉；中天下而立，定四海之民，君子乐之，所性不存焉。君子所性，虽大行不加焉，虽穷居不损焉，分定故也。”（《孟子·尽心上》）以上数章有着一致的价值导向，可以互释。先儒认为，与权势、财富相比，亲情更为重要。这是“桃应问曰”章关注的焦点与重心。以下再请看“万章问曰”章：

> 万章问曰：“象日以杀舜为事，立为天子则放之，何也？”孟子曰：“封之也；或曰，放焉。”万章曰：“舜流共工于幽州，放驩兜于崇山，杀三苗于三危，殛鲧于羽山，四罪而天下咸服，诛不仁也。象至不仁，封之有庳。有庳之人奚罪焉？仁人固如是乎——在他人则诛之，在弟则封之？”曰：“仁人之于弟也，不藏怒焉，不宿怨焉，亲爱之而已矣。亲之，欲其贵也；爱之，欲其富也。封之有庳，富贵之也。身为天子，弟为匹夫，可谓亲爱之乎？”“敢问或曰放者，何谓也？”曰：“象不得有为于其国，天子使吏治其国而纳其贡税焉，故谓之放。岂得暴彼民哉？虽然，欲常常而见之，故源源而来，‘不及贡，以政接于有庳’。此之谓也。”（《孟子·万章上》）

万章说做天子的舜把弟弟象流放了，这合适吗？孟子就说：哎呀！这哪里是流放啊！是封赏给他一块土地与人民。万章又问：舜流放了共工、驩兜、三苗和鲧这些犯了大罪的人，但是这么不仁的人（象），舜还把他封到有庳国去，难道有庳国的老百姓不是人吗？对于以上四位，你就谴责，或者杀掉，或者流放，对于你的弟弟，你就封他，怎么能够这样呢？这是引起众说纷纭、莫衷一是的又一条材料。舜把象封到有庳国，让他得享富贵。孟子解释说，哪里是放呢？哪里是封呢？有的说是封他，有的说是放他。像这种状况，舜做了天子，还派了一些监管的官员在管理有庳国的事务，然后在朝贡的时候，兄弟间经常能见个面。所以在有庳国封给他一块土地，实际上也是让他受到一定的监管。

有人说：舜的弟弟象是个坏人，舜仍要封赏他，使他富贵，这不是腐败是什么？这种批评太简单化了。实际上，我们从孟子与万章的对话中不难看出，当时有两派：一派认为一定要封赏象，另一派则认为一定要流放象；一派批评封象，另一派则批评放象。在当时，舜若不封象，其合法性会使人怀疑并会受到挑战。反之亦然。孟子取其中道，认为舜对象既封且放，封中有放，放中有封，最终照顾到社会安定与兄弟情谊之两边。舜是孝的典范，舜做天子的合理性与合法性在此。尽管舜父、后母及弟对舜很不好，曾不断加害于舜，但若舜当上天子之后对他们不讲孝悌，他当天子的理由就丧失了。

虞舜时代真实的财产与权力的再分配或继承制度并非分封制，但孟子是战国中期的人，他的前理解只能是源于殷代后期并在西周初年由周初统治集团周公等人确立的封邦建国制，故把分封制投射到虞舜时代。至于分封制度合理与否，正当与否，腐败与否，那是历史学与历史哲学的问题，不是道德评价的问题。有些人发一点义愤，继续当“愤青”，无可无不可，但那不是做学问。孟子有经有权，其设想的分封象于有庳国又“使吏治其国”，是一种政治智慧，即对象予以管束。西周以降的社会、政治、法律之思想或制度与家庭的伦理、社群的整合、家国天下秩序的建构，是基本协调的。当然不免有矛盾与紧张。分析、评论这些资料，只能放到彼时的社会结构、历史文化、价值系统的背景上，而且要善于发掘其中有深意的、超越时空的价值。例如我国法律思想文化及容隐制度，其实与现代人权的维护有内在的关联。

二、关于公私、情理与正义

我们的论敌用非此即彼的思维定式，在公与私、情与理、情与法、正义与非正义上做一边倒的选项，判定孔孟在此只讲私情，不讲理法与公德，不讲正义。

从孔子完整的孝悌、仁义、忠信的道德系统来看，他绝不会认为“攘羊”是对的，绝不肯定偷盗，也绝不会肯定父子相互隐匿错误。从“父子互隐”章的具体情境来看，孔子面对楚国叶公的挑战，反唇相讥，批评直躬买直名实为不直，伤害了父子君臣伦理系统的根本。实际上，在父亲把不请自来的羊或顺手牵来的羊留在自家的栏圈中之后，作为儿子的直躬完全可以不马上向官府告发，或在邻里间公开宣扬；同时，孔子主张在私底下微谏（微即隐），让父亲自己去纠正错误。

“直在其中矣”之“直”，一方面固然有“率直”“率真”等真情实感之意，另一方面更是源自天理的人性人情之直，此“直”为“曲之直”、有条件的“直”，即朱熹所说的“父子相隐，天理人情之至也。故不求为直，而直在其中”[①]，“本非直也，而直已在其中”[②]。这也就是刘宗周所言的“无直名，有直理”[③]。“直在其中

---

① 朱熹：《四书章句集注》，中华书局，1983 年，第 146 页。

② 黎靖德编、王星贤点校：《朱子语类》第四册，中华书局，1986 年，第 1202 页。

③ 刘宗周著、吴光主编《刘宗周全集》第一册，浙江古籍出版社，2007 年，第 452 页。

矣”之直偏向于保护父子亲情；而“直躬”之“直”则是抽象的、僵硬的“直”，它无视于人的生命存在，与现实脱节，易伤害亲情伦理。

保护亲情伦理是人类最高的正义，是最大的“公”，也是世界不同法律体系要尽可能做到的。

孟子是怎么讲的呢？他说：“父子之间不责善。责善则离，离则不祥莫大焉。”（《孟子·离娄上》）这是说，父子之间的关系，要讲恩亲之德，相互包容。《中庸》讲“亲亲为大”，侍奉亲人为大，那不是说侍奉亲人是唯一的，而是说你从侍奉亲人这里去体会、体贴，你才知道做人之道和根本，你才懂得爱，不会泯灭良心。假如一个人连对父母都不孝，他能够在社会上爱别人，做好公务吗？我看没有这样的例子。

其实西方也有类似的理念、理论和法律上的容隐的规定。黑格尔的《精神现象学》把家庭伦理放在神圣法的范畴中来解读。我们往前溯，看柏拉图的《游叙弗伦篇》。有一次，苏格拉底在法庭前的广场碰到了游叙弗伦，游叙弗伦是来告发他的父亲的。游叙弗伦的父亲有什么问题让他告发呢？原来，他的父亲头一天把一个真正杀人的奴隶捆绑起来，扔到一个壕沟里面，他的父亲想等他办事回来以后再处理，结果他办事回来晚了，那个绑缚在壕沟里的奴隶死了。游叙弗伦想到法庭告发自己的父亲，这时候就碰到了苏格拉底。苏格拉底怎样跟他谈话呢？

我们知道苏格拉底有他的辩证法，擅长对话，精通辩论的方法。苏格拉底就跟游叙弗伦谈“虔敬”这个名词怎么界定，然后慢慢地一步一步地引游叙弗伦上钩。他不想把自己的思想强加给游叙弗伦，他要让游叙弗伦自己去体会：儿子告发父亲是有问题的。苏格拉底与孔子，一个是古希腊的智者，一个是先秦的圣人。

他们在子告父罪的问题上都是一致的，即不主张亲子告发自己的父母。

在《游叙弗伦篇》，苏格拉底跟游叙弗伦谈了很多，其实无非就是让游叙弗伦不去告父。最后游氏落荒而逃。游氏最后并没有去告发他的父亲，因为按照苏格拉底没有直接说的这些道理，儿子告发父亲是慢神的，是不虔敬的，不尊重神的，也是有违神的意旨的。苏格拉底、柏拉图也很重视家庭伦理，并没有把家庭伦理与法律对立起来，绝不赞同儿子控告父亲的行为，其根据是批判继承了的传统虔敬观，而传统虔敬观、习俗与法律首先要求“尊敬父亲”。游叙弗伦主张“子告父罪”会伤害城邦正义。[①] 这也表明：防止亲情被伤害、被扭曲，是人类的共性；高智慧的贤哲不仅重视法律，更重视法律之上的法理与宗教伦理精神。

古罗马哲学家西塞罗在《论老年　论友谊　论责任》第三卷“义与利的冲突”中，引用了希卡同《论道德责任》一书的相关论述：

“假定一个人的父亲偷盗寺庙中的宝物或挖掘通往国库的地道，他的儿子应向官方告发吗？”

“不，那是有罪的；相反，如果父亲被控，他的儿子应当

① 陈乔见：《逻辑、理性与反讽——就〈游叙弗伦篇〉的解读与邓晓芒教授商榷》，《学海》2007 年第 2 期。林桂榛：《苏格拉底对“子告父”表示赞赏吗？》，《江苏社会科学》2007 年第 4 期。顾丽玲：《苏格拉底眼中的游叙弗伦问题——以柏拉图的虔敬观为视角》，刘水静：《重析西方文化传统中的“亲亲相隐”与“大义灭亲”之道德意涵——再评邓晓芒先生的〈儒家伦理新批判〉》，均载郭齐勇主编《正本清源论中西——对某种中国文化观的病理学剖析》，华东师范大学出版社，2014 年。

为其辩护。”

“咳，那么国家利益不是比其它一切责任更重要吗？”

“是的，国家利益的确比其它一切责任更重要。但公民忠于其父母，这对我们的国家有好处。”

“但如果父亲试图篡夺王位，或叛国，他的儿子也要保持沉默吗？”

“当然不能，他应当恳求他的父亲不要这样做。假如他的父亲不听，他可以责备甚至威胁他的父亲；最后，如果事情发展到有可能导致国家的覆亡，他应当宁可牺牲父亲也要维护国家的安全。”①

上述引文出自希卡同《论道德责任》一书，是希卡同的观点。西塞罗在《论责任》一书中引述了上述文字。西塞罗未在论述中表明自己的立场。

我们再看孟德斯鸠的《论法的精神》。孟德斯鸠讲，妻子怎么能够告发自己的丈夫呢？儿子怎么可以告发自己的父亲呢？为了对盗窃这一罪恶的行为进行报复，法律竟然规定另一个更加罪恶的行为，这是违反人性的。他是不主张亲人之间的反目互告的。两害相较取其轻，相比较而言，维护亲人之间的和谐，对社会的公序良俗更为重要。当时的另一条法律是，允许与人通奸的妻子的子女或者丈夫的子女来控告，并对家中奴隶进行拷打。孟德斯鸠说，这真是一项罪恶的法律，为了保存风纪破坏了人性，而人性却是风纪的源泉。所以孟德斯鸠一针见血地指出，那些貌似公

① 西塞罗：《论老年　论友谊　论责任》，徐奕春译，商务印书馆，2003年，第256页。

正的法律条文，对法理精神、对人性其实是践踏的。法理精神大，还是法律条文大呢？人性重要，还是法律重要呢？我们当然不能绝对地把它们对峙起来。如果为一个小的问题损伤了一个大的问题，特别是亲情的损伤，这是伤筋动骨的。我们的传统社会中，从汉代以来，中国的法律条文中就有把儒家孔孟的这些观念转化为法律条文的。比方说董仲舒以《春秋》大义来判断案子，从公羊学中发掘父子相隐，并推广到养父子相隐，还有几代都可以有隐默的制度，就是儿子隐匿犯罪的父亲，孙子隐匿犯罪的祖父不违法，不判他窝藏罪。

前面我们说过，“隐”字在“父子互隐”章不能抽象为“隐匿错误”，孔子本无此意。但历代学者对此章的诠释，尤其是涉及法律意义的运用与诠释，却指点了亲人犯了错误，甚至是犯了罪之后，人们应如何对待、处置的问题，以及公权力应如何对待，法律上应如何规范的问题。在汉代以后的中华伦理法系的建设与实践过程中，“亲亲相隐”的“隐”字，逐渐演变为“隐匿亲人的罪”“隐匿犯了罪的亲人”的意涵了，而且这是受法律保护的。这也就是刘宝楠讲的“隐”的第三个义项：“若不幸而亲陷不义，亦当为讳匿。”我们应注意，“隐匿犯了罪的亲人”之“隐”，当然不是孔子的原意，而是后起意。大体上是人们反思秦法的弊端的结果，当然更是汉代及以后社会法律实践的需要。

在桓宽的《盐铁论》中，以贤良文学为代表的民间人士、儒生，强烈反抗、抗议皇权专制，依据的就是孔孟之道与《春秋公羊传》。汉宣帝的本纪所载，在汉宣帝地节四年（前 66 年），第一次用诏书的方式宣示了中华伦理法系中如何保护亲情，讲父子之亲、夫妇之道是天性。也就是说，从汉宣帝时期开始，中国的法律就已经允许亲人之间特别是直系亲属之间容隐的权利，保障这种容隐的权利。东汉末年的时候，法令规定了军士逃亡可以拷打军士的妻和子，这显然违背汉宣帝地节四年（前66年）发布的诏书。这个条例遭到了一些有识之士的反对，后来曹操把它废除了。之后晋元帝采纳了建议，规定亲属之间不得互证其罪。南北朝时期继续发展，到唐代的唐律里完全确立了同居相隐不为罪的原则，我们几代人在这里同居，那么我们有权隐匿自己犯罪的亲属。这个容隐的范围进一步扩大，到了唐代，法律比较健全，已经形成了一个完整的体系，已经不只是在直系亲属、近亲之间，还有一个比较大的范围。[①]

这说明，对私人领域、私人空间的保护，是最大的公正。合情合理的法才是良法。孔孟之道是全面的，不仅倡导以“仁爱”为中心的仁、义、礼、智的价值体系，严辨人禽、公私、义利之别，强调公正廉洁与人格操守，而且主张区分门内门外，在门外公共领域中，义德高于恩亲，在门内私人领域中，恩德高于义德，甚至在一定意义上还主张“大义灭亲”。但所有这些，儒家是讲“具体理性”的。只有从儒家价值的整体系统出发，从“具体理性”出发，才能深刻理解诸如《孟子》论舜的两章等文本，才不至于肢解、武断、扣帽子。

（原载《文史知识》2014年第8期）

① 吴丹红：《特免权制度的中国命运——基于历史文本的考察》，载《证据学论坛》第十卷，中国检察出版社，2005年，第370页。

国家意识形态应以中国文化为本体

——兼谈国族意识、国学教育与国家祀典

十八大以来，习近平总书记一系列弘扬优秀传统文化的指示，深得民心，我也很受教育与鼓舞，感觉到传统文化的春天已经到来。为此，我发表了一些自己粗浅的学习体会。

习近平总书记系列讲话的重要意义在于：以最高领导人的身份高度肯定了以孔子与儒家思想为主干的中国文化的地位，回到了中国文化的本根，返本开新，具有划时代的意义。近现代，中国文化与其他文化一直有一个本末、体用、主从的关系问题。中华优秀传统文化是社会主义核心价值观的立足之基，是中国现代化与现代文化的本体，必须坚持中国文化的主体性。我们认为，只有把中华优秀传统文化坐实为我们党与我国现代化及现代文化的“本”（而不是末）、“体”（而不是用）、“主”（而不是从）、“本位”（而不是客位），是灵魂与精神命脉，依凭此才不至于左右摇摆、流荡失守、无所依归。由此而实现的现代化才真正是我国的健康的现代化。中国与中国人走上现代，中华文化在今天的创造性转化与创新性发展，当然是以自己5000多年的伟大文明为基础、前提的，但这绝不是要排斥吸纳人类不同文明与文化的优长。恰恰相反，中国文化的一个特点就是善于凝聚、消化、融摄内外不同的文化系统与因素，丰富壮大自身。有人提出“马魂、中体、西用”的主张，实为极不通之论。体中就有魂，否则就是“魂不附体”。

我曾指出，在当前，儒学与马克思主义“合则两利，离则两伤”，但国家意识形态从根本上应以中国文化为本体。汉代朝廷选择儒学为指导思想有一个过程，选定之后，足以“内裕民生，外服四夷”。中华文明中，源远流长、大中至正、平易合理，功在长治久安，能够维系人心的是儒家文化。我们肯定中国文化、国学是多元一体的中华各民族的优秀传统文化，其中有信仰体系、价值体系与知识体系等层次。首先，最高层次是国家、国族的文化精神，即国魂与民族精神的内涵，包含了中国人的信仰方式、终极关怀与安身立命之道。其次是中国人的核心价值观念或系统。再次是深邃的多样化的学术与技艺的层面，独特的知识系统。我国不同时期、不同民族、不同地域丰富多彩的文化不断交流融合，其中还伴随着中外文化的碰撞、交流与融合。在经史子集、儒释道及地域与民间文化之中，最重要的是经、经学与儒学。熊十力先生讲：“经为常道，不可不读。”中华文明的常经、常道在礼乐文明与四书五经之中。五经、十三经是古代中国宗教、社会、政治、法律、伦理、道德的综合体，是君子修身与治理社会的经验的集成。四书是整个东亚文明的标识与体现。儒学包括最有人性的治政方略、最为稳定的社会秩序与最能安立人心的信念系统，是学习的文明。

就中国文化对现代性的调适与超越而言，“中国文化精神”是一个特殊性、历史性与时代性的概念。其内容有：存有的连续与生机的自然、整体和谐与天人合一、自强不息与创造革新、德行修养与内在超越、秩序建构与正义诉求、具体理性与辩证思维、知行合一与实践精神。现代性观念的核心是理性主义和原子式的个人主义。随着时代发展，其弊病日益显露，环境污染严重、生态失衡，个体的人被异化的现象加剧。对此，应破除传统与现代二元对立的模式，肯定文明进程的多样性。现代化不等于西方化、美国化。中国文化精神对现代性有批评、治疗与调适的功用。应重建以国族为主体的中国精神，沟通中国社群秩序与现代政治制度，超越物化与虚无主义，以形上追求与人生境界调理当下。

如果没有长期以来形成的多民族统一的中华民族文化的自我认同，中国这样一个多民族的国家就会在全球化的浪潮中、现代化的过程中被“化”掉。任何一个走在时代前列的民族，其民族精神都是民族性和时代性的统一。我们必须对自身文化有深切理解，确立文化自主地位，才能真正理解和消化其他民族的优秀文化，以丰富自身。在迪尔凯姆看来，文化（集体意识或社会良知或共同价值体系）的功能乃在于维持社会秩序，而一旦文化瓦解了或失效了，社会也就进入无序状态。简言之，现代社会中，对人性的约束正来自“民族同质的精神”——民族共同体及其政治实体——伦理国家。就中国而言，凭借国家意志重塑中国精神源泉，正可重新激起吾国本有“内在于一己之心而外通于他人及天地万物”之精神，重返传统德性政治而超越现代政治的世俗化与秩序的混乱。因此，借助国族意识与中国精神的统一对现代民主政治提出批评，绝非重诉等级制或集体主义，而是一方面用更为宽广的中国精神融摄现代与传统的价值冲突，另一方面拯救世俗社会中个体价值的迷失，这也正是重建中国精神的题中应有之义。以上是我对习近平总书记系列讲话重要理论意义的阐释。

习近平总书记系列讲话的重要实践意义，至少表现在两个方面：第一，国民的文化认同是国家安全的文化基础；第二，国民的文化教养问题已成为现代化成功的瓶颈。

从前者来看，国民，特别是青少年的文化认同极为重要。现在我国青年人对中国文化不了解、不热爱，这是我们长期以来在文化上自我矮化、自我妖魔化的结果。有的年轻人留学出去后，没有精神信念，皈依基督教，并咒骂中国与中国文化。这是因为他们没有根，没有解决文化认同与安身立命的问题。现代化有多重后果，其中的一个后果是化掉、消解掉中国，除了政治等原因外，文化上的原因也是认同问题。从后者来看，与发达国家相比，我国国民的文明素养、道德水准有待提升。除了体制之外，干部、群众的文化教养、敬业精神、责任心、缜密的作风等也成为现代化成功的关键。

习近平总书记系列讲话的落实仍存在一些问题，这主要是传统文化与国学教育中的问题。有鉴于此，我有如下建议：

首先是蒙童教育与国民教育。其中，国民教育（九年义务教育制度）与高中的国学或传统文化的教育，对一代又一代国民的文化认同、伦理共识及文化价值观、人生观的形成，对国民的人格养成、文明修养、人文教化，最为重要，应系统研究，进入体制，抓紧抓好。近三代人都未系统地接受国学教育，带来的问题不少。建议编好教材，把最需要中小学生掌握的中国文化基本的精神内核、做人做事之道（以四书为主），以循序渐进、春风化雨、潜移默化的方式，纳入中小学必修课，滋润孩子们的心田。应适当减掉效果不好的政治课，改上传统文化课。我们按照总书记指示精神编纂的《中华传统文化百部经典》读本，图文并茂，既系统又具有可读性，小学、中学每学期各一册。

其次，大学的国学教育。建议将对所有科系的大学生上好“大一国文”的课，作为必修课，并在通识教育中让大学生多读一点中国传统文化的经典。

最后，国民的国学教育还有成人、终身教育系统的层面，要进社区、乡村、企业、机关、军营及老年大学等，覆盖全社会。

而不同层次的国学教育，特别是中小学优秀传统文化的教育需要大量的师资，这正是国学学科与国学院系存在的理由。我们培育的是有理性的、正讲（而不是歪讲、俗讲）国学的师资与人才，他们接受过国学知识系统的基础训练。我国现存大量的书籍、文献、档案与古今地域人物资料，急需很多人做系统整理与研究。十五年来，我们武汉大学积累了培养国学学子的一些经验。

建议教育部、国务院学位委员会尽快设置“国学（中国古典学）”学科，满足现实人才的需求，使我们国学专业有户口（学科名称与代码），名正言顺。

建议设立国家祀典。“国之大事，在祀与戎。”国家祀典包括祭天、祭地、祭孔、祭英烈及灾难亡灵，以此表明中国现代人对人之所从出者、自然生态环境、圣贤人格、为国家民族牺牲者及死难民众的敬重与缅怀。鼓励民间社会与家庭设立“天地圣亲师”牌位。

建议将孔子的生日 9 月 28 日定为“教师节”。以孔诞为教师节，尊重师道与文化传统，表明中国文化才是中国文化正统，这有利于中国文化与世界各国文化的交流对话，有利于团结全球华人，增进全球华人的文化认同和情感认同。

建议各地恢复明清以来有名的书院与文庙，开展人文教化活动。

建议简化社会主义核心价值观的表述，以便于老百姓记诵。不妨利用单个汉字意蕴更丰富、更易创造性诠释的特点，用八个汉字概括私德与公德，升华为今天的价值意识。我主张表述为以“仁”为中心的八个字：孝、仁、义、礼，廉、诚、公、和。

2015 年 2 月 13 日

汲取“忠孝节义”的正价值

“忠孝节义”是我国传统道德标准，其中孝与忠是传统社会最基础的道德价值。“忠孝节义”早在东汉就已连用，不过当时是“忠孝义节”，在《旧唐书》中才有“忠孝节义”的用法。宋代洪迈《夷坚志》云：“吾今为忠孝节义判官，所主人间忠臣、孝子、义夫、节妇事也。”作为封建社会的道德标准，“忠孝节义”具有封建专制社会的历史局限性。今天，培育和弘扬社会主义核心价值观，应批判地继承“忠孝节义”的合理因素，汲取其正能量，剔除其糟粕。

忠的本义是敬，即尽心。《左传》载，随国季梁强调“所谓道，忠于民而信于神也。上思利民，忠也”。季梁认为，社会管理者对老百姓要忠诚。《礼记》载，孔子赞扬舜帝治天下，无私，不厚待其子，爱护老百姓如父母爱子一样，对民众有出自天性的爱心，有忠厚而利民的教诲，使民众富庶而有礼。可见，忠指对待别人尽己之心，特别是居职任事者应尽心竭力为群众谋利益。孔子讲“君仁臣忠”“君惠臣忠”，表明他主张的忠是与仁和惠等密切联系的双向要求，而不是“君为臣纲”的单向度要求。我们今天倡导的忠，不是封建社会的愚忠，而是待人忠诚、忠贞不贰，忠于职守、爱岗敬业；忠于党和国家、人民。我们提倡人的忠诚度，涉及每个人对自己的配偶、家庭、职业及单位的态度。倘若为了个人利益出卖国家或企业的机密，那就是不忠。

孝的本义是尊重父母。它是人从身边最近处做起的善行，因此有“百善孝为先”的说法。最起码的孝是赡养父母长辈，但孝又不仅限于赡养，而是从内心尊敬父母长辈。孔子说：“今之孝者，是谓能养。至于犬马，皆能有养。不敬，何以别乎？”也就是说，离开了敬爱之心去赡养老人，那与养狗养马有什么区别呢？因此，我们要用至诚的心和切实的行动去感激父母，常回家看看，多做尽孝之事。曾子曰：“孝有三：大孝尊亲，其次弗辱，其下能养。”这是孝的三原则：大孝是使双亲受人尊敬，其次不使父母的名誉受辱，最下等的是能赡养父母。如果做子女的违法犯罪、贪污腐败，就是大不孝！孝是最基本的爱心，儒家的仁爱不限于爱亲，而是以这种天伦之乐作为生命之爱的最初体验，以此为养育人性之起点，进而推己及人，爱他人，爱天下人，即孟子说的“老吾老以及人之老，幼吾幼以及人之幼”。我们很难想象，一个对父母都不爱的人，能去爱别人、爱陌生人？孝与忠有密切关系，人们常说“爱于亲者忠于国”“忠臣必出于孝子之门”。仁义之士能把爱亲的体验推之于爱民爱国。在一般情况下，忠与孝是顺向的联系，有普遍性。在特殊的时空条件下，忠孝面临冲突，难以两全，忠诚义士应服从大义，为国尽忠。今天我们讲孝，应摒弃“父为子纲”的单向度、无原则的价值取向，但其合理内涵是值得弘扬的。

节的本义是止、操、信，指人对欲求有节制，有节度，又有行为高尚的意思，如节操、品节等。古代士人讲气节操守，强调在生死关头要有静气与定力，不随风摇摆。节这一品德与忠、义等品德有紧密联系。孔子曰：“三军可夺帅也，匹夫不可夺志也。”“志士仁人，无求生以害仁，有杀身以成仁。”曾子曰：“临大节而不可夺也。”孟子曰：“富贵不能淫，贫贱不能移，威武不能屈，此之谓大丈夫。”《苏武牧羊》中说：“历尽难中难，大节定不亏。”翁同龢自题诗：“每临大事有静气，不信今时无古贤。”今天我们讲节，应摒弃封建社会中所谓“三从四德”的“妇道”，而强调做人要有原则立场，不能因眼前的名利而牺牲大节，不做实用主义、功利主义的“墙头草”，尤其是在权、钱、色的诱惑面前要洁身自好。

义的本义是宜，指适宜、恰当。孔子说，“君子义以为上”“见利思义”“不义而富且贵，于我如浮云”。孟子说，不该由自己所得的东西，却去取了过来，是不义。义是人们的行为准则，义行指合宜、得当的行为，含有恪尽职守、发挥才能，对社会、家庭尽法律和道德上的责任与义务等内容。羞耻之心是义的萌芽。义是对是非善恶正确果断的裁决，既是道德情感，又是道德判断。义行则是人们责任感、义务感的外化过程。行义即自觉自愿地按义这种道德原则行动，是高尚的道德行为。成语中所谓见义勇为、慷慨就义、义不容辞、义无反顾、义正词严、义愤填膺等，都表达了社会大众对维护社会公平正义的呼唤与褒奖。简略地说，义是应当，即无条件地做应当做的事。在当下讲义，应充分考虑义与利的关系问题，在道义指导下实现义与利的统一。也就是说，求利当以道义为标准，坚持道义与谋求公利是一回事。

（原题为《汲取“忠孝节义”中的正能量》，原载《人民日报》2015 年 4 月 3 日第 7 版）

士不可以不弘毅

习近平同志最近致信全国青联与学联会议的代表，引用了《论语》中记载的曾子的话："士不可以不弘毅，任重而道远。"这是对全国各族各界青年学子们寄予的深深的期盼：国家与民族未来的命运、前途，广大百姓的福祉，是青年们将要承担的重任。他殷殷希望青年朋友们立定志向，努力学习，锻炼自己，时刻准备着负重任，致远路。

曾子语录的全文是："士不可以不弘毅，任重而道远。仁以为己任，不亦重乎？死而后已，不亦远乎？"在这里，"弘"字是"大"的意思，"毅"字是"强而有决""强而能断"的意思。朱子说："弘，宽广也。毅，强忍也。非弘不能胜其重，非毅无以致其远。"曾子的话译成现代汉语就是：士子不可以不心胸宽广，不刚强而有毅力，因为他责任重大，路程遥远。把实现仁德于天下作为自己的职责，难道还不重大吗？终生奋斗，到死方休，难道路程还不遥远吗？曾子的话，约有三层意思：

第一，胸怀宽广，勉力行仁。青年人要胸怀大志。士子（读书人）最大的志向是把仁爱之心洒满人间，然而"勉于仁者，不亦难乎"。所谓"仁以为己任"，是"老吾老以及人之老，幼吾幼以及人之幼"，关心最困难的人群，顾念底层老百姓的疾苦，予以扶持与救助，"授手援溺，振民于难"，救民于水火之中，让仁德泽被群生。青年人要有伟大的胸襟气魄，站得高，看得远，不要斤斤计较于眼前的小利，而要面向世界、面向未来，勇于担当。仁德是人心之全德。士子一定要身体力行，一息尚存，此志不容少懈。所以程子说："弘大刚毅，然后能胜重任而远到。"

第二，立志有恒，宁静致远。青年人立大志，要有恒心，要有耐力，能保持久远。心态上要平稳沉着、专心致志。古人谈到大丈夫志在四方、立志有恒时，无不强调淡泊名利。《淮南子》说："非澹薄无以明德，非宁静无以致远。"诸葛亮在《诫子书》中说："夫君子之行，静以修身，俭以养德。非淡泊无以明志，非宁静无以致远。夫学须静也，才须学也，非学无以广才，非志无以成学。淫慢则不能励精，险躁则不能治性。年与时驰，意与日去，遂成枯落，多不接世，悲守穷庐，将复何及！"这里说的是，如果只是考虑名利，心有杂念，就不能实现远大的志向。士子不要急于求成，应心无旁骛，虚心学习，专心历练，在经世的实际工作中修身成德，才有恒久的耐力，永葆青春。富贵、温柔乡，还有时间，都会销蚀其志。在顺境与逆境的考验中坚守节操，老而弥坚，才能达到远大的境界与目标。

第三，刚毅坚卓，百折不挠。章太炎说："任重须强，不强则力绌；致远须决，不决则志渝。"西南联大的校训是"刚毅坚卓"。西南联大的大多数师生都以自己的生命实践了这一校训。孔子说："士志于道，而耻恶衣恶食者，未足与议也。"青年人切忌耽于享受，应吃苦耐劳，敢于承担，艰难困苦，玉汝于成。要以"人一能之己百之，人百能之己千之"的努力，发强刚毅，坚忍不拔，百折不挠。人生的道路绝不是一马平川的，肯定会有坎坷不平，青年人应有挫折训练，面对挫折心态要健康，一定要在艰苦曲折中经受磨炼，提升品德。

我们不仅是中国人，还是世界人。我们希望青年人抱负远大，立志高远，为祖国、为人类奉献毕生精力。现代化的社会，人类遇到前所未有的难题，当然这也是机遇。在人与自然、人与社会、人与人的协调发展中，我们还有很多具体、细微的工作要做。今天，人们太强调人的权利，而忽视了人的责任与义务。我们当然要有维权的意识，在争取权利的同时，也要为社会与家庭自觉地尽一份责任与义务，做出贡献与扛起担当。今天，人们太强调享受生活，而忽视艰苦奋斗。青年人还是要有过苦难生活的思想准备，要到基层去做人做事。今天，人们太喜欢说大话空话，而忽视细节与实事。老子说："天下难事，必作于易；天下大事，必作于细。""合抱之木，生于毫末。九层之台，起于累土。千里之行，始于足下。"敬业精神要求青年人立足于当下，做好每一件事的细枝末节，一丝不苟，善始善终，负责到底。这应当是我们学习曾子这句话的现实意义。

（原载《光明日报》2015年8月5日第2版）

墨学概观

墨家作为中国文化的一种基因，长久以来在民间社会仍然起着作用。在科学方面，它对魏晋时期的学者鲁胜、刘徽有重大影响。在道德方面，墨家刻苦耐劳、勤俭节约、兼爱互利思想也为我国劳动人民所继承与发扬。

一

墨子，名翟，出生于春秋末战国初，是我国伟大的思想家、哲学家、教育家、科学家和军事家。墨子的身份可能是具有一定文化知识、接近“农与工肆之人”的“士”。他早年学习儒术，因不满周礼的繁文缛节，自创学派。

墨子师徒组成了宗教性与政治性的社团，集体奔走于齐、鲁、宋、楚、卫、魏诸国之间。孟子也不得不肯定“墨子兼爱，摩顶放踵利天下为之”。墨子自称“贱人”，他一生“以自苦为极”，效大禹精神。墨者集团推选出他们的首领，称为“巨子”，成员多能吃苦耐劳，手足胼胝、面目黧黑，“腓无胈，胫无毛，沐甚雨，栉疾风”。墨家与其他学派不同，基本上是由社会下层手工工匠、刑徒、贱役等人组成。它有严密的组织纪律，是具有一定宗教色彩的学术团体，其成员皆布衣草鞋之辈，生活勤俭。墨子的弟子到各国去做官，也必须遵守墨家的纪律，推行墨家的主张，还要向这个团体交纳一定的费用。墨者都能仗义执言，见义勇为，赴火蹈刃，死不旋踵。

《吕氏春秋》记载："孔墨之弟子徒属，充满天下，皆以仁义之术教导于天下。"可见在战国时代，墨子、墨家学派及其思想、行为对全社会有极大的影响力，足以与孔子、儒家学派相比肩。墨儒的区别在于，墨子之学出于夏礼，孔子之学出于周礼。他们同样都尊尧舜，同样都有很高的道德追求，墨子于诗、书之教，也颇有修养，他反对的只是形式化的礼乐。

墨家活动时期近二百年，墨子之后的传衍世系不详。据《韩非子·显学》记载，墨子之后有相里氏之墨、相夫氏之墨、邓陵氏之墨，谓之"墨离为三"，取舍相反不同。《庄子·天下》讲到墨家诸派，其中有南方之墨者苦获、己齿、邓陵子之属，以及各派"相谓别墨"的状况。"别墨"是墨家学派内部分化以后，各守所见，都以自己为墨学正宗，相互呼为"别墨"。

墨家有"以绳墨自矫而备世之急"的侠义精神，多勇武之士。墨家善于运用概念、判断、类比推理等逻辑方法和辩论术说服或批驳论敌。墨学兼涵有"辩""侠"两义，其后继承者中多有辩士与侠士。今人有墨学三派（游侠派、论辩派、游仕派）之说。

《墨子》之书，《汉书·艺文志》著录七十一篇，宋后实存五十三篇，即今本，存《道藏》中。经清代学者整理和近现代学者研究，这五十三篇文章大致可分为五组。第一组是卷一的《亲士》《修身》等七篇，系墨家数传弟子利用墨子某一言论论述自己的主张。第二组即卷二至卷九的《尚贤》（上、中、下）等二十四篇。这一组文章实是墨子门人或再传、三传弟子教育学生或驳斥其他非难墨家学说而成文的，记载了墨子主要的社会政治思想。第三组即卷十的《经》（上、下）、《经说》（上、下）和卷十一的《大取》

《小取》，共六篇。有人称此六篇为“墨辩”，也有人认为这六篇应分为两类：一类是墨经，即《经》与《经说》，是墨子所著所讲，系《墨子》全书的综纲和大本；另一类是墨辩，即《大取》《小取》，是墨家辩者之言。第四组包括卷十一至卷十三《耕柱》等五篇，为墨子言论、行迹的记录，系墨子门人或再传弟子所写。第五组包括卷十四《备城门》等十一篇，记载墨子城市守备的方法，包含有兵家之言，有人认为这是在秦之墨者所作。1956 年，河南信阳长台关楚墓中出土了《墨子》佚篇，可供参考。

二

墨子思想十分丰富，主旨乃“兴天下之利，除天下之害”。就其尚贤、尚同、节用、节葬、非乐、非命、兼爱、非攻、天志、明鬼等十大主张而言，乃以兼爱为本。墨子十事，表面上看十分矛盾，但这些治国方略是为救治列国社会病态而准备的，要因时因地制宜。墨子教导弟子，到列国去，若该国昏乱，则提倡尚贤、尚同；该国贫穷，则告诫节用、节葬；该国享乐腐化，则宣传非乐、非命；该国淫僻无礼，则强调尊天、事鬼；该国掠夺侵凌，即语之兼爱、非攻。这叫“择务而从事”。可见，此十事并非平列的，亦非同时使用的。

墨子主张兼爱互助。他看到当时国与国互相攻伐，家与家互相抢夺，人与人互相残害，强凌弱、富侮贫、贵傲贱、智诈愚等一系列罪恶的社会现象，认为这些都是“天下之大害”，于是，决心加以救治。他认为，“凡天下祸篡怨恨”，都是由于“不相爱”引起的。人人都知道自爱其身、家、国，而不爱他人之身、家、国。“相爱”指国与国、家与家、人与人之间相互爱护，所以又叫“兼相爱”，即不分人我、彼此，一同天下之利害、好恶。他以爱人若己、为人犹为己的“兼爱”思想解释仁德，把“兼相爱”看成是“仁者”所追求的最高道德观念。

墨子反对战争，反对亏人以自利，提倡“兼相爱，交相利”。他认为，一切灾害都产生于“别”。所谓“别”，即偏爱、自私。各自从偏爱出发，亏人以遂其私，所以产生了“交相恶”。拯救的办法是“以兼易别”。所谓“兼”，即每个人都毫无分别地爱一切人。“兼”字在金文中像手持二禾，《说文解字》释“兼”为“并”，即隐喻平等之意。“兼爱”不同于孔子的“仁爱”。儒家“仁爱”是有差等的爱，如对父母的爱与对兄长的爱不同，对自己父母的爱与对别人父母的爱不同。儒家主张从亲情出发，推己及人，“老吾老以及人之老，幼吾幼以及人之幼”。儒家强调个人生命体验的过程，“亲亲而仁民，仁民而爱物”，最后达到“泛爱众”“博爱之谓仁”“民胞物与”的境界。墨子的“兼爱”则是“爱无差等”，也就是说，他要求人们对别人的爱与对自己父母、亲人的爱没有差别，一视同仁。“故圣人以治天下为事者，恶得不禁恶而劝爱。故天下兼相爱则治，交相恶则乱。故子墨子曰：‘不可以不劝爱人者，此也。’”这是墨子的治国之道和理想社会。

墨子以兼为善，以兼为仁义，其“兼爱”的背景是“互利”。“夫爱人者，人必从而爱之；利人者，人必从而利之；恶人者，人必从而恶之；害人者，人必从而害之。”他实际上主张“己所欲，施于人”，但从互利互惠的角度讲，则融合义利，易被小生产者所接受。他劝诫“有力者疾以助人，有财者勉以分人，有道者劝以教人”，盼望建立一个“饥者得食，寒者得衣，乱者得治”的公平合理社会。其中含有对王公大人骄奢淫逸的不满，控诉了争夺战乱给人民带来的痛苦，表达了劳动者要求自食其力、过安定生活的愿望。当然，“兼爱”带有绝对平均主义的原始平等思想的痕迹。

“兼爱”是针对攻伐而来的。因此，墨子又主张“非攻”。他首先指出攻战的“不义”，然后指出攻战之“不利”。墨子揭露无义的攻伐“夺民之用，废民之利”。“春则废民耕稼树艺，秋则废民获敛。今唯毋废一时，则百姓饥寒冻馁而死者，不可胜数。”墨子谴责武力兼并的战争是“不义”的，其根据是对人民、百姓“不利”。

在“兼爱”的原则下，墨子提出了“尚贤”的主张。墨子的“尚贤”要求冲破“王公大人骨肉之亲无故富贵”的世袭制度，主张政权向“农与工肆之人”开放。他提出“官无常贵，而民无终贱，有能则举之，无能则下之”。

在“尚贤”的前提下，墨子又设计了“尚同”的社会蓝图。他主张“选天下之贤可者，立以为天子”。天子以下，从三公、诸侯到乡长、里长，也都选拔贤者担任。选出各级政长是为了克服天下之乱，克服一人一义，十人十义，自以为是，以人为非的“交相非”状态。人们要以上级政长的是非为是非，自下而上地逐层统一，做到“天下之百姓皆上同于天子”。他提出“上同而不下比”的原则，反映了小生产者对社会统一安定的希望，但这种“尚同”，反对多元多样，必然导致“伐异”。这与史墨、晏子、孔子的“和而不同”是不一样的。

前面述及“非攻”“尚同”时，都涉及墨子“利天”“同天”之说。墨子肯定意志之天的存在，认为天是自然、社会和人民的主宰，能赏善罚恶。墨子亦肯定鬼神的存在，认为鬼神能在冥冥之中监视人们的行为，能赏贤罚暴。墨子“尊天事鬼”，把宗教政治化与道德化了。他论证鬼神实有，认为鬼神有除暴安良、主持正义、威慑警诫的功能。他的“天志”“明鬼”之说，是借用超越的、神秘的力量来治理现实社会的病态，以“兴利除弊”，并塑造一个合理化、理想化的社会。

墨子相信早期传统宗教观里的意志之天说，但又主张“尚力”“非命”。他认为，命定论是帮助暴君来欺骗百姓的，使百姓安于接受现实，无所作为；决定社会治乱和人们命运的，不是“命”，而是“力”。从王公大人的听狱治政到农夫农妇的稼穑织纴，都靠各尽其力。人必“赖其力者生，不赖其力者不生”。在这里，他又肯定了人有能力掌握自己的命运。

墨子主张“薄葬”。他认为，厚葬久丧并不能富贫众寡，定危治乱，是辍民之事，靡民之财，足以使国家由富变贫，人民由众变寡，行政由治变乱。同时，他又重视祭祀上帝鬼神。祭祀当然也要浪费财力、物力、人力，但墨子为什么不反对祭祀呢？这与他的“天志”“明鬼”学说有关。他必须保留上帝和鬼神作为超越的力量，以控制人事的主张。另一方面，从《墨子》一书中可以看出，当时厚葬的奢靡之风已达到无以复加的程度；相形之下，祭祀的浪费要小得多。按墨子的设想和当时的习俗，祭品一般都给家人、亲族、乡里的人共享，而祭祀对安定社会人心起的作用较大。由此可见，墨子考虑问题，是从国家人民的实利出发的，因此墨子也强调“节用”。

三

墨子提出了“三表法”，即检验认识的三条标准：“何谓三表？子墨子言曰：有本之者，有原之者，有用之者。于何本之？上本之于古者圣王之事。于何原之？下原察百姓耳目之实。于何用之？废以为刑政，观其中国家百姓人民之利。此所谓言有三表也。”这就是要以关于古代圣王的历史记载、老百姓的亲身经验和实际运用是否符合国家人民的利益，来判断认识的正确与否。在这里，他比较重视感觉经验、闻见之知，更肯定古代文献的记载，尤其强调社会效果是衡量诸种学说是非曲直的重要标准。

墨子在《墨经》中肯定人们通过五官可以获得感性认识。“知，材也”，“材”指人们的认识能力。“知，接也”，通过感官与外物相接触产生认识。“惟以五路知”，五路，指五官，即耳、目、口、鼻、肤。“知而不以五路，说在久”，“久”指时间。这是说，人们在很长的时间内形成的熟练技能，可以不再直接通过五官去感知。这是熟能生巧所致，不是超感觉。

墨子强调“心”对“五官”得来的见闻之知的辨析察识。“虑，求也。”人有在感觉基础之上的认识能力。他承认认识是不断深化的。“循所闻而得其意，心之察也”，“执所言而意得见，心之辩也”。分析察知属理性认识活动，可以鉴别众人耳目闻见的真伪，涤除虚妄，使认识上升到理性阶段。这是对“三表法”的重要补充。

墨子主张名实合一与知行合一。“知：闻、说、亲；名、实、合、为。”“知：传受之，闻也。方不障，说也。身观焉，亲也。所以谓，名也；所谓，实也。名实耦，合也；志行，为也。”“闻知”是从传闻或阅读得到的知识。“说知”是通过闻知得到的材料推断出的新知识，包含着逻辑推理。“亲知”是直接经验。“名”指名辞概念，“实”指实际事物，“名实耦”指概念与事物、认识与实际相符合。“行”就是“为”，有正当目的的行为称“志行”。“行，所为不善名，行也；所为善名，巧也，若为盗。”他肯定知行相合一，尤其强调行为的目的要善，符合百姓之利，而不是巧言令色，欺世盗名。

墨家对中国古代的科学技术做出了极为重要的贡献。这些成就主要被记录在《墨经》中。以今天的眼光来看，涵盖了数学、物理、工程机械、科学思想与方法等多方面。

数学方面，《墨经》给出了一系列算学与几何学命题与定义。如说："倍，为二也。"即原数自加一次或者乘以 2 为倍。又如，定义圆："圆，一中同长也。"即圆是与中心同样长度的线所构成的图形。虽然这些命题与定义只是文字的表述，并无数学符号的表达，但是其所具有的抽象性、逻辑性与严密性，可以说代表了先秦时期最高的数学理性思维水平。

物理学方面，主要是关于力学、光学的内容。如墨子对力的定义："力，刑之所以奋也。"刑即形状的形，指物体；奋指动，即运动。这句话是说力是物体所以发生运动的原因，这显然来自经验的概括，也符合力的属性。而墨子在光学方面的研究成果可以说是最为现代学者所重视与称道的了。《墨经》中的光学条目虽然仅有八条，但极具系统性、逻辑性，涵盖了阴影问题、小孔成像问题、凹面镜与凸面镜成像原理及实验等多个方面。李约瑟曾高度评价这些成果说："比任何我们所知的希腊的为早，印度亦不能比拟。"

工程与机械制造方面，墨子发明了用机械力量代替人拉弓的连弩车，由辘轳、轮轴控制，据说一次可发射小矢六十枚，威力巨大。他还利用杠杆原理制造了掷车、转射机，用来在战争中远距离抛掷武器。其中掷车较大，转射机较小，但更为灵活。它们应该是后世战争中使用的发石机的鼻祖。

科学思想与方法方面，墨家也有贡献。墨子给出了时间与空间的定义："久，弥异时也"，"久，古今旦莫"；"宇，弥异所也"，"宇，东西家南北"。即墨子认为"久"包括古今旦暮的一切时间，"宇"包括东西南北的一切空间。在方法上，墨家的科学工作与其创立的辩学又是不可分割的。

总之，尽管《墨经》中只是零散地包含了一些关于科学研究的记录，缺少类似欧几里得《几何原本》的系统性，墨子本人也并非职业的科学家，但是，这些记录代表了先秦时期我国科学研究的最高水平，其内容及其逻辑性、严密性等在我国科学史上极具特色与价值，甚至在世界科学史上都占有重要地位。

四

墨家的逻辑学体系包括“名”“辞”“说”“辩”几个部分，以“辩”统摄全体。

首先是“以名举实”。举名，就是命名或加名。名用来称谓实，是主观地给予、加予。从根源上说，名由实起，名实统一在实，即必须以实正名。《墨经》并不是把“名”这个符号指向某种静止、孤立的物件。其“名”（辞、说、辩）始终与变化着的“实”统合在一起，“实”的时空运动场制约着“名”的语义。

其次是“以辞抒意”。后期墨家涉及作为判断的“辞”或“言”的不同形式，如“尽”“或”“假”“必”和“且”等。“尽，莫不然也。”“尽”是一个全称判断；“或”含有特称、选言判断和选言推理的含义；“假”是区别于“今已然也”（实然判断）的假言判断。此外还有必然判断和“且然”（将然）判断的形式。

再次是“以说出故”。墨家“说”式推论的基本逻辑范畴是——故、理、类。“夫辞，以故生，以理长，以类行者也。”“故”是事物所能成的原因、条件和论题的根据与理由。“理”也即“法”，是指事物之理和立辞的论据。墨家逻辑推论非常强调“类”的同异。墨家逻辑的推理方式，有具有类比特点的“辟”“援”“推”

和属于一般演绎论式的“或”“假”“效”“侔”，含有选言推理、假言论式、直言的演绎论式、复杂概念推理等形式。

最后是关于“辩”学的基本原理。墨家在战国时期第一次全面研究了作为逻辑科学的“辩”的问题。“辩”的原则是：“以名举实，以辞抒意，以说出故。以类取，以类予。”在“名”“辞”“说”“辩”四者中，“正名”“析辞”“立说”是“明辩”的基础，“明辩”则能兼三者之能事。

五

墨学在汉代以后迅速衰微，原因何在呢？

首先，墨家学说不适应秦汉以后的社会生活。张岱年、任继愈先生指出，秦以后的社会是政治上高度集中统一的社会，它所面对的则是分散的农业自然经济，这两者整合得好，社会就进步繁荣。儒学思想适应并有助于这两者的协调。而墨家兼爱思想有打破家族家庭本位之嫌，特别是墨家的组织、游侠作风和辩说特性，都不适应农业文明的大一统的社会，并会被集权的中央政府所禁止，如汉朝就打击游侠。于是墨家文化就逐渐演变成在野的、在社会下层之间流行的思想，在社会上层文化中地位很低。

其次，墨家主张的兼以易别和整齐划一的“尚同”思想，反对多样化，不利于社会各阶层表达自己的愿望，反而加剧了社会矛盾。这也就是荀子所批评的“墨子有见于齐，无见于畸”，“有齐而无畸，则政令不施”。

再次，据韦政通先生研究，墨家自身有很多缺陷使它中绝。第一，墨子去世后，墨家缺乏德业兼备的领袖，缺乏像孟、荀之于儒家，庄子之于道家那样的大师级人物。第二，墨家组织内部缺乏民主，加上它的苦行主义、自我牺牲，使人们难以接受，其理想也很难实现。第三，墨家后世的墨侠集中在秦国，有“拥秦”的嫌疑，在知识分子中名声不好。第四，墨家后学有的诡辩过于微妙。

但墨家作为中国文化的一种基因，长久以来在民间社会仍然起着作用。在科学方面，它对魏晋时期的科学家鲁胜、刘徽有重大影响。在道德方面，墨家刻苦耐劳、勤俭节约、兼爱互利思想也为我国劳动人民所继承与发扬，其救世献身精神和意志的磨炼，构成了中华民族对理想人格追求的有机组成部分。墨家重视实践经验、强调践履的作风也影响了清初颜元、李塨学派。墨子思想对我国道教的兴起和农民起义都有一定的影响。

清代以后，随着乾嘉朴学的兴起，墨家学说的整理与研究渐渐复苏。民国时期，墨子研究大盛。1904年梁启超在《新民丛报》上发表《子墨子学说》等文，阐扬墨家的宗教思想、实利主义、兼爱学说为救国的良方，指出：“今欲救亡，厥惟学墨。”

墨家的思想在今天仍有重要的意义。比如，其所主张的“兼爱非攻”，在今天和平与发展的时代，这一诉求可以说也代表了世界各国人民的利益与期待。我们批判霸权主义，制止非义的战争与恐怖主义，仍要如墨家一样，提倡爱心与彼此的沟通理解，推动国家、民族、宗教间的对话，促成和谐中国、和谐世界的建构。此外，墨家倡导的勤劳节俭，在今天的中国也有重要意义。曾国藩在遗书中强调“习劳则神钦”，肯定大禹、墨子皆“极俭以奉身，极勤以救民”，他认为这是士子修身的重要途径。今天我们提倡廉政，强调政德，反对奢靡之风，对全社会及每位干部来说，墨家的俭德与勤德都是榜样。

（原载《光明日报》2016年7月25日）

弘扬书院精神　提升书院品质

在全国书院重建的热潮中，重温传统书院的经验与智慧，对提升现代书院的品质有重要的作用。传统书院在清末民初之前有上千年的历史，是我国也是世界教育史、文化史上最值得称道的文化遗产之一。传统书院的制度架构、精神理念对今天中国的教育仍有十分重要的借鉴意义。在历史上，书院教育与官学体系不同，是官学的补充。古代成熟的书院教育与道学（即宋明理学）的宇宙论、心性论、价值观、政治制度诉求及学者们的政治参与密切相关。传统书院的创办者、主持者是德高望重且有相当造诣的学者，他们有明确的办学理念，有培养人才的精神主旨。书院主要是通过经典教育讲明义理，使师生自我修身乃至推己及人，来成就君子人格。书院尤其重视经世致用。

中国传统书院形成了自身的文化精神，我们大约可以归纳为以下几点：

第一，坚持道统，弘扬人文精神与价值理想。官学与科举直接挂钩，书院则救治时弊，坚持儒家教育传统，以“道”为追求目标，培养生徒具有终极关切与超越的信仰，以“道”修身并治世，有道德理想与完善的人格。

第二，书院打破了官学体制，不受其限制，具有民间性，承载自由讲学与批判的精神。书院是民间资本与民间学者结合的产物，基本上是民间教育组织、民间人士积极资助，捐钱捐田捐书办书院。当然，书院在发展过程中得到官方的支持，有官、民、商、学相互参与及合办的趋势，自治权不免也受到影响，但总体上与官学不同，有相当的独立性与自由度，培养的士子有参与、批判的思想力与勇气。

第三，强调知识、学术的自身特性，有独立的学术精神与学派意识。书院自立自重，不随人俯仰，是师生们自由讲学、独立探求知识、切磋学问的地方，有独立学术、学派的追求与创新精神。各书院尊崇并培养、支撑了道学的不同学派。

第四，上千年来，书院众多，不胜枚举，培养了一代代士子，这些士子多数人德才兼备，经纶济世，明道致用，传承人文，推动民间讲学之风，振兴社会教化，美政美俗。

老书院焕发青春的典范是岳麓书院，该院得天时、地利、人和，结合传统与现代，使千年书院获得新生。该院又是现代化大学湖南大学的一部分，有了现代大学的结构与功能，从事正规的教学、科研、学科建设等事业。现代大学建制固然对书院有一些束缚，但岳麓书院今天的兴旺发达，仍获益于这一体制、机制，同时它又有相对独立性，在体制内办一些体制外的属于老书院的文化事业。

国学热在今天表现为一定程度上的书院热，各地的民间书院如雨后春笋般涌出。今天的书院，就主办方而言，大体上有官办、商办、学者办、民办，以及官学商、官商民合办等多种。汤一介、王守常教授的中国文化书院是学者办书院的典型。岳麓书院、篔笃书院是官学合办的两种不同的典型。牟钟鉴、王殿卿、颜炳罡、赵法生等人在孔子的诞生地泗水县办的尼山圣源书院努力培训青年学人，尤其在当地推动乡村儒学，颇有成效。河南省建业集团办的本源社区书院，在郑州市天明路楼盘内成功办了第一家，续有了 3 家，他们让国学走进社区的经验，值得推广。湖北经心书院是企业家们办的自我教育的场所，是提升自身文化与道德修养的道场。书院的当代价值日益显现出来。

今天的民间书院应如何办？我认为首先还是要端正目的，端正办学理念，不能以赚钱敛财为目的。我们还是要从传统书院吸收精神营养。古代书院都有学规，如朱熹的白鹿洞书院学规（揭示），明确兴教办学的宗旨。现在的书院职能各异，可以结合实际订立学规。最重要的是，书院运行一定要在儒家义理的指导下进行，总体上是要贯彻仁义之道，提升办院者与学员的人文道德素养，身体力行，知行合一。书院应以读书讲学为中心，是潜沉读书之地。

商办、民办的一些民间书院兴起，令人欣慰，这是恢复民间活力的初步，但良莠不齐，鱼龙混杂。目前最让人担忧的是商办、民办的一些民间书院。这些书院也分几种情况：从目的来说，有的是以赢利敛财为目的，有的是以公益为目的；从对象来说，有的是对成年人（如机关、企事业单位人员），以办讲座、搞培训为主，有的则是对儿童与青少年，搞课外教育或全日制教育。

由于什么人都可以办书院，没有一定的资质准入或登记制度，书院办得越来越滥。现在的管理，常常是“一管就死，一放就活，一活就乱”的循环。由谁来管？谁有权力管？怎么管？由教育职能部门把书院管起来也会有问题，同时也不胜其管。

现代书院的兴起本来就是国民对国学、传统文化的自发需求的产物，本来就是对体制内教育不满的产物。对体制内教育的不满也分两种：一种是对体制内不系统讲授中国传统文化的不满，急需补充这方面的教育内容；另一种是对现行体制内的办学理念、模式、方法的全面逆反，特别是客观上一些孩子跟不上压力很大的应试教育，家长拟另觅出路。加上有的家长忙于生计，无暇照顾孩子读书。针对以上情况，两类书院应运而生，即有的只是从事课外教育，是课余补充，读一点经典，教一点诗词歌赋、琴棋书画等，而有的则变成对孩子们的全日制教育。这后一种书院也有办得好的，强调全面性教育的，但不多。更多的则大有问题，令人担忧。有的所谓书院，只是让孩子们背诵，不讲义理，也不学现代科学文化知识，完全是误人子弟。

现代书院如何与现代教育体系相融，真正发挥繁荣学术、传承文化、培养道德的功能？

书院可以成为现代学校教育的一种补充，两者不可相互取代。今天幼儿与中小学教育比较强调优秀传统文化的教育，相信传统文化教育今后会系统进入体制，这样民间针对孩子们的书院，市场会小一些，但仍有存在空间。书院主要应采取成人教育、继续教育、自我教育的方式。

有一种书院是现代大学内部的机构，如香港中文大学有新亚、崇基等几十家书院。这些书院主要是以大学生宿舍为基础，对大学生做一些课外的人文教育与心理辅导，是学习传统书院，特别是学习剑桥大学住宿学院制度与牛津、剑桥导师制度的结晶。目前内地的一些高校也在效仿。

今天应如何办好书院？

首先，一定要充分学习、领悟传统书院的精神与办学理念，继承与弘扬传统书院的制度与规范中的精华，要以虔敬的心态，把今天的书院办成书院人立志悟道、修身成德、关爱他人、参与社会的道场，做到“内圣修己”与“外王事功”的统一。

其次，书院要以经典教育为中心，切磋琢磨，持之以恒。原原本本地、一字一句地读经典，是起码的要求，同时还要充分体现学以致用、知行合一、言行一致的原则。国学、儒学，都是生命的学问，要在生命成长过程中不断领悟。

再次，书院应坚持其独立性与批判性。我们提倡人格独立，思想自由，办出不同风格，包容不同的思想，包括适当学习西方、印度经典，学习现代理论，促进文明对话。书院的自由讲学，问难辩论，可以努力促成健康的民间社会的重建，培植、增强民间文化的自主性与多样性。

最后，书院当然要接地气，要努力担负起教化社会、教育青少年的功能，美政美俗，让国学进入社区、乡村、企业、课堂、机关、营房与寻常百姓家。当然，通俗化不是庸俗化，我们还是要坚持正道、正讲，而反对歪讲、邪讲、俗讲。

总之，我们应总结经验，返本开新，把书院办得更好、更健康、更完美，让传统文化的精义一代一代地传承下去！

（本文部分内容见《传统书院如何与现代教育相融》，郭齐勇等三人谈，原载《光明日报》2016年9月20日第14版）

试谈儒学的创造性转化

儒学向上向下，向内向外，在理论与实践上的新发展，我以为有以下 4 个方面值得深究。

1. 儒学创造性转化的前提——社会上层与下层对儒学的认同。

2. 民间、大众儒学的发展，从梁漱溟乡建到乡村儒学、社区儒学。

3. 儒学面对现代性的正负面能提供什么（助缘或批判与调适），如何治疗现代疾病。儒学在建设现代道德的政治、道德的经济、道德的社会中的作用。如何应对人生存的意义危机与生态危机。职业伦理、社群伦理、生态伦理、全球伦理的建设。儒学对当今世界的积极贡献是什么？

4. 唤醒国民的良知。良知学的现代意义。从王阳明到熊十力的大本大源之重建。信仰，心灵皈依。

一、民间儒学和国学教育

为什么要谈民间儒学和国学教育？这是因为我看到，尽管儒学以及以儒学为核心的中国传统文化，在过去百年里饱受诟病，但儒学的价值并不因此而沦亡，她以其自身的草根性仍活在百姓日用伦常之间。我深知，民间家庭、社群、人性、人心之主流，老百姓的生活信念和工作伦理还是儒家式的，主要价值理念仍是以“仁爱”为中心的五常（仁义礼智信）。

正是以此为基础，近年来民间社会自发兴起了“国学热”，自下而上地推动了对传统文化的再认识、传统人文价值的再发现。这就是我所说的民间儒学、国学的草根性的基本内涵。我希望能有更多的儒学工作者走出书斋、走向社会，将“百姓日用而不知”提升为自觉自识，推动国学真正热起来，成为标志着今日中国发达程度的文化软实力。

要达到这一目标，离不开对青年人文化观念的培养。因此，我极力倡导将传统文化教育纳入国民教育体系，呼吁以“四书”为代表的中国经典进入中小学、大学课堂，开设传统文化通识教育课程，尽力发挥“四书”等经典在“文化认同”和“伦理共识”方面的形塑作用。

儒学是民间的学问，儒学的生命力在民间。民间儒学的推进由自发而自觉。

近 20 年来，中国各地自发形成了草根民间社会与民间儒学的再生运动。民间儒学是儒学灵根自植、重返社会人间的文化思想形态，使仁义礼智信、忠孝、廉耻等核心价值进入寻常百姓之家，成为老百姓的生活指南与安身立命之道，安立世道人心。民间儒学，也可以理解为在民间、在日常生活世界里的儒学，或民间办儒学，即民间组织推动的儒学。

现代儒学既包括乡村儒学的重振（牟钟鉴、颜炳罡、赵法生等人的源书院的经验很值得重视），又包括城市社区儒学的建设（郑州本源书院杨冰等人的经验值得推广），是使中国文化的基本做人做事之正道，即儒家仁义之道，透过广大城乡的家庭、学校、小区、企业、机关等现代公民社会的组织形式，通过冠婚丧祭之家礼等仪式，在每个国民的心中扎根。

民间儒学是多样的，它与各宗教的活动，包括外来宗教的传教活动形成健康的互动，保持文化的主体性与生态平衡。儒家学者要眼中有民，努力到民间去弘扬儒学，把会议儒学、书本儒学转化为民间儒学、生命儒学。

二、亲情伦理和社会正义

为什么要谈亲情伦理和社会正义？这是因为我看到我们的刑法等有关条文仍沿用了革命法思维，不许“亲亲相隐”，人为地让所谓“反革命”的家属陷入了两难困境，伤害了作为人类社会基石的亲情伦理。“文革”中酿成了大量父子相残、夫妻反目的惨剧，直至今日仍令人不寒而栗。可是，部分传统文化的批评者们，仍在厚诬儒家亲情伦理是现实腐败的根源。从 2002 年以来，我和我的同道针对这一论调，与之展开学术上的辩论，先后发表了几十篇文章，出版了多部论文集。

经过研究我们发现，“亲亲相隐”是儒家针对两难伦理困境苦心孤诣寻求到的解决之道，在护持人类社会的伦理基础的同时，尽可能彰显了社会公正，并在历史中起到了保护私领域、反抗国家强权的重要作用。儒家对于公与私、公德与私德、公利与私利的看法，不是俗流贴上的“个人主义”或“集体主义”标签所能涵盖的，儒家有大量关乎经济、政治分配正义的论述，有大量关于开放教育与政治的论述，在历史上产生荒政、救济、分权、制衡、监察等制度与实践，也与当代西方正义论所喜谈的“对最不利者的最大关怀”“机会平等的公义”等都有相通之处。

因此，我和许多法学家、法律工作者一道呼吁，要修改现行刑法、民法、行诉法等有关条文，接上容隐制的传统与现代人权观念，保障公民的亲情权与容隐权。我起草并转交我的同事、全国人大代表彭富春教授提交了以恢复容隐制为内容的全国人民代表大会代表议案。在众多有识之士的共同努力下，2011 年，全国人民代表大会常务委员会审议通过了《中华人民共和国刑法》（修正案），免除了强迫被告人直系亲属出庭作证的义务，“亲亲相隐”精神在刑法修正案中得到初步、部分的体现。虽然仍不完善，但它已走出了第一步。

三、儒学现代化和文化主体性

为什么要谈儒学现代化与文化主体性？这是因为“五四”以来单线进化和新旧二分的文化立场仍大行其道，许多人对儒学缺乏真切的了解，人云亦云地将儒学、传统与现代对立起来。然而，中华人文精神的特质，恰好在于不与宗教对立、不与自然对立、不与科学对立。儒学和基督教一样，虽然不能直接开出科学、民主、自由、人权，但通过批判继承、创造转化，她可以更好地转化并吸纳现当代价值，使现代价值健康地根植于既有的文化土壤。因此，儒学是参与现代化的积极力量。

中华民族核心价值观是以“仁爱”为中心的“忠、孝、仁、义、礼、智、信”的价值系统，其中的内容随时代扬弃，在自觉注入时代精神，改造其内涵之后，当代中国仍必须以此为基础重建中国人的真正具有内在约束力的文化认同、伦理共识、精神信仰、终极关怀。在全球文化交流和文明对话的时代，我们要有自己的文化主体意识，要有相当的文化自觉。因此，我呼吁以“仁爱”和“诚信”为核心，开展社会主义核心价值体系建设。“仁爱”与“诚信”不仅是传统文化的精粹，也是可以与全球文明、宗教对话的核心价值。

“道不远人。”一方面，儒学始终不离民间社会，儒学也不离现代生活，儒学内部蕴含着中国现代化足资借用的深厚资源，其价值具有经历现代转化进而呈现出新的深度和广度的可能，儒学发展的历史曾证明了这一点，儒学思想史上的人物，通过他们的人格与慧识，无时无刻不向我们传递这一点。另一方面，我们真诚地期许，国人能够理性、理智地看待我们的传统，不自外于我们的传统，通过虚心的学习和同情的理解，继承传统人文精神，以向上的道德追求，疏解物质主义、功利主义等现代生活中的种种困惑。从这个意义上讲，“道不远人”的另一面，就是“人能弘道”。

四、儒学现代转化的理论和实践

儒学的现代转化有诸多领域、层面，有理论与实践两大领域，在实践领域有国家、社会、家庭、个人诸层面。

我们很重视理论层面的建树，面对现代社会人心的问题，面对西方文化的挑战，我们对儒学的精义要旨，需有凝练并创造性地发展，而且还要面对人们的误解，特别是“五四”“文革”以来的曲解，予以正本清源、拨乱反正。在理论层面上，我们应特别重视儒家政治哲学与治理社会的资源、安邦治国之道，生态环保智慧，人生修养的体验等，结合现代性的理论与实践，加以检讨与推进。儒家的内圣之学与外王之学可以因此而得到新生。

我认为，儒学资源还有待我们发掘，以用于当今。例如，如何理解传统政治哲学固有的话语体系，如天命、天德、天下、天人，王道、王权、王圣、霸王道杂之，仁政、民本、革命、道义、礼法、公私，封建制、皇极、国家、社会自治。传统儒家的社会空间很大，政府很小，在这些方面应有更深入的研究。

牟宗三先生在 20 世纪 50 年代的“新外王三书”中，对民主政治之于中国的必要性、紧迫性，比之今天的我国中青年学者们的实际感受要强烈得多。民主政治虽然并不是最好的政治制度，但毕竟是相对来说最不坏的制度。民主政治的要旨是主权在民，人民自由表达决定自己政治、经济和社会制度的意愿，人民的基本权利，尤其是私权，比如思想权、言论权、自由迁移权、财产权、生命权等得到保障；民主政治制度对国家政治权力与社会财产的分配与再分配，要求一依宪法与法律，有监督与制约的机制，相对公开透明也相对公正。

同时，民主政治要求有相对大的社会空间，有充分的民间组织参与社会治理，民间自治的程度较高。以上这些方面，儒家文化与儒家型社会有自己的优势。牟先生并不是简单直接照搬西方的价值与制度，他肯定道统、良知的指导与参与，强调摄智归仁，超越了西方民主政治，警惕着浅薄、片面、平面化的“民主”与“民主政治”的弊病的发生。

利用康德的伦理与政治的理论架构，使儒家心性之学与自由主义沟通对话，进而形成某种共识，在理论上是可能的。当代新儒家的理路是，在人的主体心性中，发掘普遍的道德法规，并透过康德式的论证，由伦理通向政治，建构普遍法则之治的法治论述。政治应是道德的政治，而且是在伦常生活中展开的，这才是不悖人性的。伦理教化涉及更为根本的人的德性的成长，高于宪政民主的目的，但绝不会违背，反可以保证宪法肯定的人权、民主形式的普遍性。牟先生既强调了民主政治架构之于道德的独立性，又在最终层面强调道德对于民主政治的指导。

我们的生态环境遭到了严重破坏，各地的雾霾特别严峻。环境污染，生态系统失去平衡，是目前威胁人类生存和发展的重大问题，而其哲学根源则在以人类中心主义为本的对待自然界的生态伦理观。中国传统文化，尤其是儒释道三教，乃是一种超人类中心主义的人文精神、深层生态学，正可以对治此种现代化弊病。

先秦儒家对生态系统的认识是在容纳天、地、人、神诸多要素的“天地”概念下展开的，这是一种整体论、系统论的观念，以“和”为条件的不断创生是他们对这个生态系统的根本认识。他们对“天地”的创生现象持有价值判断的观念，肯定天地万物皆有内在价值，要求一种普遍的生态的道德关怀，而他们对人性、物性的辩证认识又同时清楚地表明了一种生态伦理的等差意识，或曰不同伦理圈层的区分意识。从儒家“天人合一”的理念看，生态伦理作为一种新的伦理范式，其确立的基础必须建立于对人性的重新反思之上。

近20年来，海内外学者的交流互动十分频繁，相互启发，推动了学术创造。西方反本质主义、反普遍主义的思潮也影响到汉学界。诚然，我们充分肯定这些学者的思考及其成果，但另一方面，我们又不能把中国思想，特别是儒家思想归结为关系主义、角色伦理。否则，就会消解儒学深层的超越性与终极性。此外，已故社会学家费孝通先生对传统社会的“差序格局”“熟人社会”的一套讲法也是有限度的，无限放大了，就会看不清传统社会与儒学的优长，以为传统儒家理念只限于私德，无助于现代陌生人社会中公民道德的建设。

关于儒学现代重生在实践领域的诸层面：

在国家层面，应有文化自觉，在指导思想上以中国优秀传统文化的精华为主，推动全民教育，首先是在体制内的教育中，在国民教育层面，回到以儒家教养为中心的四书教育上来。

在社会层面，在城市社区与农村乡镇，把弘扬传统文化放在重要位置，规范冠婚丧祭之礼，适当恢复民间组织与民间信仰，倡导民间书院及自由讲学，逐步复兴民间社会与民间自治。同时积极建构公司文化，恪守职业伦理。

在家庭层面更是要自觉复兴孝道，建设和谐家庭；在个人层面上坚持君子人格，强调知行合一。

我国需重建真正具有内在约束力的信仰系统，即以“仁爱”为核心的价值系统。从长远的、健康的、高品质的社会目标来看，儒家“仁爱”思想可以纯洁世道人心，整合社群利益，调整人与天、地、人、物、我的关系，克治自我中心和极端利己主义。“恕道”对于环境伦理、全球伦理的重建提供了重要的思想基础，有助于全球持续性发展。“诚敬”“忠信”思想有助于整顿商业秩序，增强企业内部的凝聚力并改善外部形象，提高效率，促进人的精神境界的提升。儒家的价值观、义利观和人格修养论，有助于克服拜金主义、享乐主义和坑蒙拐骗的行为。这些价值至少对社会的整合，和谐社会的建构，具有极其重大的现实意义。

儒家若干价值观念，如“己所不欲，勿施于人”的恕道原则，与现代人权、平等、尊严、理性、道义等普世价值，不乏沟通之处，与现代化的新的伦理价值——个性自由、人格独立、人权意识等完全可以整合起来。现代权利意识，现代法律生活，缺乏终极信念的支撑，缺乏深度、积累的社会资本和文化资本之支撑，很可能平面化与片面化地发展。

在法治社会的前提下，构建现代文明，建设公民社会的伦理体系，需要传统思想资源特别是儒学的支撑。当前有两个层面的问题：一是官员、教师、高级管理人才的心性修养与人格培养；

二是普通国民的伦理底线与道德素养。传统文化的教养在今天有重大的安身立命的意义。人性、心性、性情教育，文化理念与信仰的教育是根本的、管总体的、长久的。以仁、义、礼、智、信等价值与温、良、恭、俭、让的品行来美政、美俗，养心、养性，是历史上儒家教育的传统，值得我们借鉴，将其用于今天公民社会之公民道德的建设之中，这也是我们今天构建和谐、文明的现代中国社会的需要。

王阳明强调“良知只是个是非之心”（《传习录》），又说“是非之心，不虑而知，不学而能，所谓良知也”（《传习录》中《答聂文蔚》），又称“盖良知只是一个天理，自然明觉发见处，只是一个真诚恻怛，便是他本体”（《传习录》中《答聂文蔚·二》）。显然，良知就是至善本体当下朗现于是非知觉之中。这种是非知觉（自然灵昭明觉）必然蕴含着人决定一个道德选择的方向，应当如何的道德原则，也就是天理。阳明又说：“体即良知之体，用即良知之用，宁复有超然于体用之外者乎？”（《传习录》中）很明显，良知就是至善本体在是非知觉上的当即呈现与当下辨别，或者说是由对是非知觉当下判断所体现的至善本体。在我国重新复兴致良知教有极大的现实意义。

（原载《东方哲学》第九辑）

自植灵根　美政美俗

新时期耕读文化的重建与拓展，必须以人为目的，即以人的健康、全面发展为目的。在现代社会，人们面对各种压力，精神与心理疾病增加，更加需要养育人性的新的文化来陶冶情操、涵养人心。

构建现代社会的伦理体系，需要有本土文化，特别是长期积淀下来并且对公序良俗有滋润、滋养作用的儒家礼乐文明来支撑，来起作用。这也是新时代重建和拓展耕读文化的现实意义，即在民间自植灵根，安身立命，返本开新，美政美俗。

新时期耕读文化重建与拓展的工作一定要做实做细。

在方法上，经典教育不能缺位。比如可以编撰传统文化读本。蔡元培先生撰写的《中学修身教科书》和《华工学校讲义》，在民国期间影响甚大，今人合为《国民修养二种》一书。他创造性地转化了本土的文化资源，特别是儒家道德资源，为近代转型的中国社会公德建设与公民教育服务。

建议办好社区书院。在村落和社区布局上要满足“耕读”需求。古代书院都有学规，明确兴教办学的宗旨，落实到身心修养上来。现在的书院职能各异，可以结合实际订立学规。发挥老百姓自己的主动性、积极性与潜力，让社区书院成为老百姓修身增德的道场。建议制定新的家礼社礼。今天许多中国人过生日、婚丧嫁娶都唱西洋歌，奏西洋乐，冠婚丧祭弄得很乱，需整饬。建议建设新时代的“七伦”，即父（母）子（女）有仁亲、夫妻有爱敬、兄弟（姊妹）有情义、朋友有诚信、上下级有义礼、同事有仁智、群己有忠恕。

人性、心性教育，文化理念与信仰的教育是根本的、管总的、长久的。以仁、义、礼、智、信等价值与温、良、恭、俭、让的品行来美政美俗、养心养性是历史上儒家教育的传统，值得我们借鉴。将其用于今天公民道德的建设之中，也是我们今天构建和谐、文明的现代中国社会的需要。

（原载《光明日报》2016 年 11 月 28 日第 10 版）

阳明心学的世界影响与当代价值

党的十八大以来，习近平总书记多次在不同场合强调学习王阳明思想的重要性。王阳明的一生很短暂，仅有57年，但他留给世人的财富却是无穷的。阳明心学要旨主要包括“心即理”“知行合一”“致良知”“生态智慧”。阳明心学绝不仅仅属于中国，也绝不仅仅属于古代，其思想所焕发的光芒超越了时间和空间，深刻影响着中国乃至世界。

一、阳明心学的历史影响

对我国的影响。阳明心学产生后影响巨大，朝廷大臣、学者士大夫、贩夫走卒当中，都有阳明的信徒，尤其是在中下层民众中具有极大的影响。“致良知”“知行合一”等主张，是一种简单直截、当下即是的功夫，引发了中下层老百姓的极大兴趣，直接推动了儒学平民化运动，构成了对官学也就是朱子学的冲击，起到了解放思想的作用。

明亡以后，阳明心学受到打压，但被誉为“同治中兴名臣”的曾国藩，一生都崇拜阳明、效法阳明。近代以来，孙中山、杨昌济、毛泽东等人都十分强调阳明心学。孙中山的“知难行易”说就包含阳明的“知行合一”思想；毛泽东青年时期的导师、后来的岳父杨昌济也是阳明“知行合一”学说的忠实信徒，在他的影响下，毛泽东认真阅读了《王阳明全集》，还写了一篇题为《心之力》的文章，大致就是按照阳明心学的路子阐述的。

儒学在当代社会的发展也受惠于阳明心学，如现代新儒家的开山大师熊十力主张“保任良知，去向事上磨炼”，他自己也说，其哲学体系中的“仁”“诚”“本心”“本体”等范畴就是阳明所讲的“良知”。

对日本的影响。阳明 42 岁时，曾在浙江与日本禅僧了庵桂悟会晤。桂悟东归，日本始知有阳明心学。明万历年间，阳明著作就传入了日本，被称为江户儒学鼻祖的藤原惺窝就读过《阳明先生文录》。16 世纪中期，中江藤树最先在日本传播阳明心学，被称为日本阳明心学的“元祖”。中江藤树之后，出现了三轮执斋、佐藤一斋、大盐平八郎等心学大师。三轮最先注解了《传习录》，这个注解本甚至早于中国本土。佐藤提出朱陆（王）会同的理论，从而使得日本阳明心学成为幕府之学，具有官方地位。大盐则将张载太虚说与阳明心学结合起来，发展了阳明心学，他本人甚至在阳明心学的鼓舞下，领导了大阪农民和都市贫民的起义，虽因失败而自杀，却发出倒幕运动的信号。稍后的维新志士如梁川星岩、西乡隆盛、吉田松阴等人都是阳明心学的信徒。他们以阳明心学为团结下层武士、平民的纽带和行为动力，开展倒幕和维新运动。阳明心学深刻影响了明治维新，已经是国际学界的共识。冈田武彦先生甚至认为，中国阳明心学在明亡以后，“遭到空前激烈的非难”，“然而在日本，阳明学则得到了彻底的发展”。

对朝鲜的影响。朝鲜半岛大约在阳明逝世前后就已经了解了阳明心学，有“朝鲜朱子”之誉的李退溪甚至撰写了一部《传习录论辩》，专门驳斥阳明心学。退溪的巨大影响力，很大程度上阻碍了朝鲜阳明心学的发展。但他本人却有很明显的心学倾向，甚至提出了与阳明心学颇为相通的“心即理”命题。17 世纪时，郑霞谷潜心研究阳明心学，开创了江华学派，思想一直流传至今。同时，阳明心学的实用因子也影响到作为民族启蒙思想前兆的实学派学者。实学思潮主要流派的重要学者，如李瀷、朴齐家、丁若镛等人无不受到阳明心学的影响。朝鲜近代实学思潮代表学者朴殷植更是力图通过阳明心学实现“儒教求新”的目的，将当时流行的社会进化论与阳明心学结合起来，开展了名为“大同教”的宗教运动。所以钱明认为，“阳明学乃是朝鲜实学思潮产生的重要哲学基础”。

阳明心学作为东亚诸国共同的思想资源，在各国近代化进程中都发挥了重要作用。但越是重要的思想家，其内在张力越大，矛盾也就越大。与古今中外一切思想体系一样，王学体系也有自身自我否定的因素。王阳明倡导致良知，本意在从士人内心唤起维护仁义道德的自觉性，但只强调内心的道德自觉则有忽视客观规范、标准，漠视礼法仪节的倾向，后来成为不道德的人掩饰自己丑行的借口，所以王门后学中有些人流于狂禅，不务实事，无关修养。

阳明心学是在朱子学的基础上发展而来，克服了朱子学的一些弱点，同时也有自身的弱点，也需要朱子学的补充。

二、阳明心学的当代价值及其意义

挺立道德主体。阳明心学的当代意义，其实是由其本身的特质决定的。阳明心学本身就是自由活泼、积极主动的，极具创造性。它的第一个根本特点，就是强调人的道德主体性，即道德自由。阳明心学告诉我们，良知是心之本体，是知行的本体。人是有良知的，人应该不断地发明良知、实践良知，振起人的精神生命。“致良知”是学问修养的灵魂与第一原则。他告诉了我们一条道德人格的上升通道，彰显了人性本来的光辉，强调人性的光辉不仅要照亮我们自身，甚至还要照亮他人。人不应该向下沉沦，不能为物欲所遮蔽，不能陷入异化之中而否定自我的人性。这一点，可以唤醒现代人冷漠的、功利的、庸俗化的心灵，反抗当下社会拜金主义、权力崇拜、享乐主义、虚无主义，拯救当下的生态危机、信仰危机、道德伦理危机。

提供生态智慧。王阳明对自然万物，包括草木、鸟兽、山水、瓦石等，都有一种深厚的生命关怀，强调“仁者以天地万物为一体”。他发挥了孔子的“仁爱”与孟子的“仁民爱物”思想，在他看来，不仅是动植物等自然之物，甚至人造之物（如瓦），因其源于自然，又是人生存不可或缺的物品，也都有生命，都有存在的权利，都要顾惜。天地万物是一个生命整体，虽然人类必须取用动植物，但动植物仍有自身的价值，体现了一种普遍的道德关怀。王阳明的“致良知”，就是把“真诚恻怛”的仁爱之心发挥、扩充、实现出来，去应对万物，使万物各安其位，各遂其性。

赋予今人实践道德、完善自我的勇气。大众普遍存在这样的问题：认可书本上、讲堂上的道理，但离开书本和讲堂后却难以躬行践履。“知行合一”其实正是针对这个问题而来的。做不到是因为还没能理会得透，理会透了自然做得到。阳明心学告诉我们，要在日用伦常之间，在礼乐刑政之间，将天地万物一体之仁发用出来，用来敬老爱亲，用来修身齐家，用来尽伦尽职，为政理事。做一分，就体认一分良知，体认一分良知，就要行一分。这一点，可以赋予今人实践道德、完善自我的勇气。

涵养官德。阳明的亲身经历也提醒我们，为政之道在于明德、亲民。社会风气不好，首先在于官德不好。阳明在解释“大学之道，在明明德，在亲民，在止于至善”时，特别强调在明明德的基础上亲民。孔子说：“其身正，不令而行；其身不正，虽令不从。”为政者要修身以德，以仁德为核心价值，引领和实现政治的正义。官德不仅仅是一种职业道德，更是人的良知在政府事业上的直接运用。为官不讲官德，就是违背良知。进一步说，亲民就是要以民为本，视百姓为骨肉亲人，尊重民心民意，体察民间疾苦。在具体的政治实践中，阳明以高超的政治智慧，将社会教化、社会治理以及具体的行政手段结合起来，治理了很多难治之地，实现了民不骇政、四方咸宁。阳明的为官之道，对于今天加强党员干部修养、化解社会矛盾、转变政府职能等均有一定的借鉴意义。

阳明心学是一个博大精深的思想体系，四百年来影响深远，有着强烈的现实意义。“心即理”“知行合一”“致良知”等都是人类的宝贵精神遗产，值得我们慢慢品味、躬身实践。

（原载《北京日报》2018 年 7 月 2 日第 15 版）

观乎人文，以化成天下

古今社会规范的差异不可以道里计，但提高国民的文明程度，协调群体、乡村、社区、邻里的关系，促成家庭与社会健康、和谐、有序地发展，不能没有新时代的礼仪文化制度、规矩及与之相关的价值指导。今天我们仍然面临提高国民的文明程度的任务。在这一方面，礼学有深厚的资源。

礼之中有不少行为规范其实就是文明的习惯，在今天仍有价值。衣食住行的行为规范如：吃饭时不要发出“吧唧”的声音，已经用筷子夹起的鱼肉不要再放回盘中，不要专挑一样好吃的吃；不要侧耳偷听别人说话，答话不要高声喊叫，目光不要游移不定，站立要正，坐姿要雅；等等。《礼记》中还有不少道德训诫，这些道德训诫具有普遍的意义。例如：“敖不可长，欲不可从，志不可满，乐不可极。”“临财毋苟得，临难毋苟免。”（《曲礼上》）这些都是有益我们身心的格言。

“礼”是什么？我国很早就是礼义之邦。儒家的礼是古代社会的生活规范、规矩，包括等级秩序等。礼起源于习俗。儒家的礼节，除日常应事接物外，重大的如冠、婚、丧、祭、朝、聘、乡、射等，都有其具体含义。冠礼在明成人之责；婚礼在成男女之别，立夫妇之义；丧礼在慎终追远，明死生之义；祭礼使民诚信忠敬，其中祭天为报本反始，祭祖为追养继孝，祭百神为崇德报功；朝觐之礼，在明君臣之义；聘问之礼，使天子、诸侯相互尊敬；乡饮酒之礼在明长幼之序；通过射礼可以观察德行。总之，这些古礼包含了宗教、政治、伦理、艺术、美学的价值，对稳定社会、调治人心、提高生活品质都有积极意义。

一、礼乐文明中的政治正义与社会治理的智慧

关于《周礼》，钱玄认为“《周礼》是儒家之书，其成书在战国后期”。其思想主要属早期儒家，也有一些是发展到战国后期的儒家融合道、法、阴阳等家思想而成[①]。杨宽说：“《周礼》虽是春秋、战国间的著作，其所述的制度已非西周时代的本来面目，夹杂有许多拼凑和理想的部分，但是其中所记的乡遂制度，基本上还保存着西周春秋时代的特点。”又说，《周礼》所载已不是西周原有制度，“是儒家按后世流行制度作了改造的”[②]。

《礼记·王制》与《周礼》都是讨论制度的，大体上体现了先秦儒家的理念与制度设计，当然其中有的制度在西周春秋时代实行过，有的制度在战国时代实行过。《周礼·地官司徒第二》《礼记·王制》虽一为古文经，一为今文经，然如我们打破今古文的壁垒，从两者有关社会公平正义和福利制度的内容来看，相关性较大。

礼之中有对后世的土地制度极有影响力的“一夫授田百亩”的制度设计。《王制》“制农田百亩”，制度规定一个农夫受田百亩。百亩土地按肥瘠分类，上等土地一个农夫可供养九人，次一等的

---

① 参见钱玄、钱兴奇等注译：《周礼》，岳麓书社，2001 年版，第 5 页。

② 杨宽：《西周史》，上海人民出版社 1999 年版，第 395 页，《前言》第 2 页。

可供养八人，依次递减为七人、六人、五人。庶人在官府任职者的俸禄，依这五等农夫的收入区分等差。诸侯的下士的俸禄比照上等土地的农夫，使他们的俸禄足以代替他们亲自耕种所得。中士的俸禄比下士多一倍，上士的俸禄比中士多一倍，卿的俸禄是大夫的四倍，君的俸禄是卿的十倍。俸禄显然是有差等的，但农夫有农田是最基本的生活保障。

《周官》与《王制》都有对社会弱者予以关爱与扶助的制度设计。例如，有养老制度。上古虞夏殷周都有养老之礼，肯定综合前代的周制，强调实行养老礼的礼仪制度。五十岁以上老人（包括平民）享受优待。三代君王举行养老礼后，都要按户校核居民的年龄。年八十的人可以有一个儿子不服徭役；年九十的人全家都可以不服徭役；残疾、有病，生活不能自理的人，家中可有一人不服徭役；为父母服丧者，三年不服徭役；从大夫采地迁徙到诸侯采地的人，三个月不服徭役；从别的诸侯国迁徙来的人，一年不服徭役。

关于对待鳏寡孤独与残疾人等社会弱者，《王制》几乎重复孟子之说，指出：

“少而无父者谓之孤，老而无子者谓之独，老而无妻者谓之矜，老而无夫者谓之寡。此四者，天民之穷而无告者也，皆有常饩。”（《礼记·王制》）

“常饩”，即经常性的粮食救济或生活补贴。又说：“喑、聋、跛、躃、断者、侏儒，百工各以其器食之。”对于聋、哑及肢体有残疾、障碍的人则有供养制度，即由国家养活。国家则以工匠的收入来供养他们。又曰：“庶人耆老不徒食”，即老百姓中的老人不能只有饭而无菜肴。又曰：“养耆老以致孝，恤孤独以逮不足”，即通过教化形成风气，引导人民孝敬长上，帮助贫困者。

古时借助民力耕种公田而不征收民的田税；贸易场所只征收店铺税而不征收货物税；关卡只稽查而不征税；开放山林河湖，百姓可按时令去樵采渔猎；耕种祭田不征税；征用民力一年不超过三天；田地和居邑不得出卖；墓地不得要求墓葬区以外的地方。

涉及政治参与权、受教育权的有关选拔人才的制度，亦是中华优秀传统文化的一部分。《王制》对庶民中的人才的选拔、任用并授以爵禄予以肯定，并规定了步骤。

“是故先王之制礼乐，人为之节。衰麻哭泣，所以节丧纪也。钟鼓干戚，所以和安乐也。昏姻冠笄，所以别男女也。射乡食飨，所以正交接也。礼节民心，乐和民声，政以行之，刑以防之，礼乐刑政，四达而不悖，则王道备矣！”（《礼记·乐记》）

“礼以道其志，乐以和其声（郭按：声字，《说苑》引为性字），政以一其行，刑以防其奸。礼、乐、刑、政，其极一也，所以同民心而出治道也。”（《礼记·乐记》）

“乐者为同，礼者为异。同则相亲，异则相敬。乐胜则流，礼胜则离。合情饰貌者，礼乐之事也。礼义立，则贵贱等矣。乐文同，则上下和矣。好恶著，则贤不肖别矣。刑禁暴，爵举贤，则政均矣。仁以爱之，义以正之。如此，则民治行矣。”（《礼记·乐记》）

“乐所以修内也，礼所以修外也。礼乐交错于中，发形于外，是故其成也怿，恭敬而温文。”（《礼记·文王世子》）

礼乐教化，主要是和谐并提升百姓的素养。礼乐之教把天地精神、人的性情与日用伦常贯穿起来了。礼乐的社会功能，尤其是与法律、政令相配合，使社会和谐。礼乐之中有秩序、节度、交往、和谐的原则与原理。在“礼”这种伦理秩序中，亦包含了一定的人道精神、道德价值。荀子推崇“礼”为“道德之极”“治辨之极”“人道之极”，因为“礼”的目的是使贵者受敬，老者受孝，长者受悌，幼者得到慈爱，贱者得到恩惠。在贵贱有等的礼制秩序中，含有敬、孝、悌、慈、惠诸德，以及弱者、弱小势力的保护问题。

“太上贵德，其次务施报。礼尚往来：往而不来，非礼也；来而不往，亦非礼也。人有礼则安，无礼则危，故曰‘礼者，不可不学也’。夫礼者，自卑而尊人，虽负贩者，必有尊也，而况富贵乎？富贵而知好礼，则不骄不淫；贫贱而知好礼，则志不慑。”（《礼记·曲礼上》）

这一交往原理包含如下内容：以德为贵，自谦并尊重别人，讲究施惠与报答，礼尚往来。无论富贵或贫贱，都互相尊重、互利互惠。这里提到对负贩、贫贱等弱者的尊重和对等的施报关系。过去我们对“礼不下庶人”的理解有误，据清代人孙希旦的注释，“礼不下庶人”说的是不为庶人制礼，而不是说对庶人不以礼或庶人无礼制可行。古时制礼，自士以上，如冠礼、婚礼、相见礼等都是士礼，庶人则参照士礼而行，婚丧葬祭的标准可以降低，在节文与仪物诸方面量力而行。

在社会治理上，儒家重视道德教化，同时重视法治。《王制》中也有刑罚制度的记录与设计。涉及在审案、判案、处罚过程中如何审慎、认真，避免冤案，严格程序及对私人领域的保护问题。

《周礼·地官司徒》《王制》中有关理念与制度安排中，体现了中国先民的原始人道主义，体现了中华民族以“仁爱”为核心的价值系统与人文精神。其中，有不少制度文明的成果值得我们重视。如有关应对灾荒、瘟疫，予以组织化救助的制度，有关对老弱病残、鳏寡孤独、贫困者等社会弱者的尊重与优待的制度，都是极有人性化的制度，且后世在理论与实践上都有发展，这都有类似今天的福利国家与福利社会的因素。有关颁职事及居处、土地、赋税、商业的制度与政策中对老百姓权利与福祉的一定程度的关注与保证，有关于小民的受教育权与参与政治权的基本保障，有关于对百姓施以道德与技能教育的制度，有关于刑律制定与审判案件的慎重、程序化与私人领域的保护方面等，也都涉及今天所说的社会公平公正问题。只要我们用历史主义的观点去省视，同样是在等级制度中，以我国先秦与同时代的古希腊、古印度、古埃及的政治文明相比照，则不难看出中国政治哲学理念与制度中的可贵之处，这些资源至今还有进一步作创造性转化的价值与意义，希望国人不要过于轻视了。

二、礼乐文明中的道德理性与君子人格

《表记》讲以仁德为标准。《儒行》记载了孔子阐述儒者的十六种高尚品行，有温良、敬慎、宽裕、逊接、礼节、言谈、歌乐、散财等，皆以仁德为本。其中讲到澡身浴德，特立独行，见死而不更其守，可亲而不可劫，可近而不可迫，可杀而不可辱。

“儒有忠信以为甲胄，礼义以为干橹，戴仁而行，抱义而处。”儒者把忠信作为甲胄，把礼义作为盾牌，头戴仁而行，怀抱义而居。

“儒有不宝金玉，而忠信以为宝；不祈土地，立义以为土地；不祈多积，多文以为富。”儒者不以金玉为宝，而把忠信当作宝贝；不祈求土地，而以道义作为立身之地；不祈求多积财物，而以学识广博、多才多艺作为富有。

“儒有今人与居，古人与稽。今世行之，后世以为楷。适弗逢世，上弗援，下弗推，谗谄之民有比党而危之者，身可危也，而志不可夺也。虽危起居，竟信（伸）其志，犹将不忘百姓之病

也。其忧思有如此者。”儒者生活在现代，却与古人的意趣相合。在现代社会的行为，可以成为后世的楷模。有君子生不逢时，上面没人援引，下面没人推举，谗佞谄媚的人结伙陷害他。虽然他的身体可能危险，志操却毫不动摇，虽处险境，举动行事仍然伸展自己的志向，念念不忘老百姓的疾苦。儒者忧国哀民的心就是这样的。

“儒有博学而不穷，笃行而不倦；幽居而不淫，上通而不困；礼之以和为贵，忠信之美，优游之法；慕贤而容众，毁方而瓦合。其宽裕有如此者。”

儒者广博地学习而无止境，切实地实行而不厌倦，隐居独处时不淫邪放纵，上通国君被重用而不会失态困窘。以礼待人，以和为贵，有忠信的美德，优游从容的风度，思慕贤人而又包容众人，有时可以磨毁自己方正的棱角而依随众庶，犹如房瓦之叠合。儒者的宽厚容众就是这样的。熊十力、钱宾四先生等人都很重视《儒行》。

《礼记》中有关人的教养与人格成长，特别是君子人格的养成的智慧，体现了儒教文明的特色。儒家教育是多样、全面的，其内核是成德之教，其目的是培养君子，成圣成贤，其方法是用礼乐六艺浸润身心，以自我教育与调节性情心理为主，其功能在于改善政治与风俗，其特点是不脱离平凡生活，知行合一、内外合一的体验。在当代建设现代社会，培养平民化的自由人格的过程中，尤其需要调动儒家修养身心与涵养性情的文化资源。忠信是礼的基本精神，义理则是规矩仪式。

“先王之立礼也，有本有文。忠信，礼之本也；义理，礼之文也。无本不立，无文不行。”（《礼记·礼器》）

“故礼义也者，人之大端也，所以讲信修睦，而固人之肌肤之会，筋骸之束也；所以养生送死，事鬼神之大端也；所以达天道，顺人情之大窦也。故唯圣人为知礼之不可以已也。故坏国、丧家、亡人，必先去其礼。”（《礼记·礼运》）

《礼运》强调礼对人的人格成长与治国理政的重要性。礼的功用首在治理人情。“故圣王修义之柄，礼之序，以治人情。故人情者，圣王之田也，修礼以耕之，陈义以种之，讲学以耨之，本仁以聚之，播乐以安之。”（同上）这里强调礼为义之实，义为仁之节，仁是义之本，肯定“治国不以礼，犹无耜而耕也；为礼不本于义，犹耕而弗种也；为义而不讲之以学，犹种而弗耨也：讲之于学而不合之以仁，犹耨而弗获也；合之以仁而不安之以乐，犹获而弗食也；安之以乐而不达于顺，犹食而弗肥也”（同上）。

《礼运》对人的界定，如前所述，是把人放在天地之中的。尽管人是天地之最秀者，但人是具有终极信仰的人，人是在自然生态序列中的人。同时，人又是治理的主要对象（即“人情以为田，故人以为奥也”）。这里对人的界定，是以礼义、仁德为中心的，而人应当是道德的人。这里也强调了作为治国之本的礼，而礼的规范中，重要的是道德仁义的精神。《王制》亦强调道德教化，指出司徒之官的使命是节民性与兴民德，推行六礼、七教、八政。

《王制》重视教化，强调“节民性”与“兴民德”，肯定人文教化，发挥退休官员、乡下贤达的作用，运用射礼、乡饮酒礼等，通过习礼对民众、青年进行持续不断的教化。

“司徒修六礼以节民性，明七教以兴民德，齐八政以防淫，一道德以同俗，养耆老以致孝，恤孤独以逮不足，上贤以崇德，简不肖以绌恶。”（《礼记·王制》）

司徒修习六礼（冠、婚、丧、祭、乡饮酒和乡射礼），来节制民众的性情，讲明七教（父子、兄弟、夫妇、君臣、长幼、朋友、宾客等伦理）来提高人民的德行，整顿八政（饮食、衣服、技艺、器物品类、长度单位、容量单位、计数方法、物品规格等制度和规定）来防止淫邪，规范道德来统一社会风俗，赡养老人来诱导人民孝敬长上，抚恤孤独的人来诱导人们帮助贫乏的人，尊重贤能的人以崇尚道德，检举、摒除邪恶，实在是屡教不改的人，再摒弃到远方。由此可见，王制就是道德之治。

在人与自然、人与社会、人与人的交往关系，以及人自身的身心关系方面，儒家有极其重要的资源，尤其是“推己及人”“将心比心”的“恕道”，“推爱”“推恩”的方式，值得珍视。“爱有差等”是具体理性、实践理性，恰可证成普爱。儒家强调主体性，特别是道德的主体性，但儒家的人己、人物关系，是交互主体性的。成己、成人、成物等是仁心推广的过程。这对今天的人际交往与文明对话有积极意义。人的道德性尤表现为在对自然物取用上的反思性，反思贪欲、占有欲，使人更加肯定动植物自身的价值，成为宇宙大家庭中自觉维护生态伦理的成员。人的道德性也表现在社会治理上，则更加尊重庶民大众的权益，予不利者以最大的关爱，并有更多制度的保障，促成社会的和谐。这里包含了教育公平之于政治公平的基础性，促使阶级阶层间的合理流动，保证一定意义上的社会公正。这些都是礼学的真义。

三、礼乐文明的现代意义

徐复观先生指出，中国之所谓人文，乃指礼乐之教、礼乐之治。《周易》的“观乎人文，以化成天下”，实即兴礼乐以化成天下。“儒家的政治，首重教化；礼乐正是教化的具体内容。由礼乐所发生的教化作用，是要人民以自己的力量完成自己的人格，达到社会（原注：风俗）的谐和。由此可以了解礼乐之治，何以成为儒家在政治上永恒的乡愁。”[①]

徐先生指出“礼乐”有三方面功能或作用。第一，在政治层面上，人把人当人看待，这是理解礼治的基础。第二，在社会层面上，建立一个“群居而不乱”，“体情而防乱”，既有秩序，又有自由的合理的社会风俗习惯。第三，在个人修养的层面上，“人的修养的根本问题，乃在生命里有情与理的对立。礼是要求能得情与理之中，因而克服这种对立所建立的生活形态”。“现代文化的危机，根源非一。但人的情感因得不到安顿以趋向横决；人的关系，因得不到和谐，以至于断绝，应当也是主要的根源。我这时提出中国人文的礼乐之教，把礼乐的根源意义，在现代中，重新加以发现，或者也是现代知识分子值得努力的课题之一。”[②] 徐先生此说值得我们深思，我们的确需要重新发现礼乐的现代价值。

关于“礼乐”的意义，徐先生说它包罗广大，其中之一乃在于对具体生命中的情欲的安顿，使情欲与理性能得到谐和统一，以建立生活行为的中道。更使情欲向理性升进，转变原始性的生命，以成为“成己成物”的道德理性的生命，由此道德理性的生命，以担承自己，担承人类的命运。这便可以显出中国人文主义的深度，并不同于西方所谓人文主义的深度。中国人文主义与西方人文主义确有其不同，中国人文主义不是寡头的人文主义，它不与宗教对立，不与自然对立，不与科学对立，的确有其深度。

---

① 徐复观：《中国艺术精神 · 石涛之一研究》，九州出版社，2014 年，第 38 页。

② 徐复观：《中国思想史论集》，九州出版社，2014 年，第 291—292 页。

徐先生对“礼教吃人”说予以批评，指出：“即使在封建时代，礼也是维系‘人地’地位及人与人的合理关系，而不是吃人的。封建的宗法制度，主要靠亲亲与尊尊两种精神；礼是把两种精神融合在一起，以定出一套适切的行为规范。这与由法家只有尊尊而没有亲亲的精神所定出的秦代礼仪，绝不相同，在实际上大大缓和了政治中的压制关系。汉儒多反对叔孙通取秦仪以定汉仪，而思另有所制作，其根本原因在此。”①

徐先生认为，“立于礼”，“约之以礼”，以礼来节制人的性格与行为，以礼为“为仁”的功夫，是孔子立教的最大特色之一。“孔子的后学，由古礼以发现礼意，即发现古礼中原有的精神及可能发展出的精神，由此对礼加以新评价，新解释，以期在时代中有实现个人、社会、政治上合理生活方式的实践意义，作了长期的努力；此观于大小戴《礼记》中先秦的遗篇中可见。《春秋三传》亦无不以礼为纲维、为血脉。这不是其他各经所能比拟的。”②汉承秦代刑法、官制之后，社会人伦秩序出现一些问题，叔孙通们的朝仪不可能解决这些问题，因此西汉儒者，自贾谊以降，莫不继先秦儒者，重新诠释礼乐，并借助礼乐之教的推行补充刑法、政令的单面化，发展民间社会，调整政治、社会与人生。在一定意义上，礼乐是补充、调整、改善单面的刑法或政令的。此有助于文明的建构与保护民间的道德资源。

儒学以仁义为道体，以礼乐为路径。礼是民族、国家、社会、家庭的秩序。以个人言，守礼则文明，无礼则禽兽。以群体言，隆礼则致治，悖礼则致乱。乐是礼的补充。礼治理身形，乐陶冶

---

① 徐复观：《中国思想史论集》，九州出版社，2014年，第287页。

② 徐复观：《中国经学史的基础》，九州出版社，2014年，第157页。

性情。法律出于强制，礼则出于人性之自然，靠人的良知与社会习尚即可推行。法治无礼乐辅助，则徒有具文。民主无礼乐维系，则徒增混乱。如人人不知尊重他人，亦不知尊重自己，又怎能施行民主？礼的作用，在保障人与人自由的界限，人类要求得自由，不能离开礼与礼乐。礼与礼乐是从社会上层到老百姓的行为方式。西方法律背后是基督教精神在支撑在起作用，中国新时代法律背后一定要有本土文化精神，特别是长期积淀下来并对公序良俗有滋润的儒家礼乐文明来支撑来起作用。

“礼”具有秩序、节度、和谐、交往四大原理。三礼之学是中华民族宝贵的精神遗产，仍有其现代价值。礼让为国，安定社会，消弭争夺战乱，节制骄奢淫逸，是使人民得以安居乐业的前提。以一定的规矩制度来节制人们的行为，调和各种冲突，协调人际关系，使人事处理恰到好处，是礼乐制度的正面价值。这里有社会正义的意蕴，即反对贫富过于悬殊。一部分人富起来了，富了以后怎么办？孔子讲“富而后教”，“富而好礼”，讲教化、教养，反对铺张浪费、夸财斗富，用今天的话来说，就是不要有土豪的心态与做派。目前我国的大众文化渲染淫逸，对社会风气有极大的腐蚀作用，对青少年的成长十分不利，而文化批评的力量却格外薄弱。这是值得我们检讨的。“礼”恰好是调节和治理我们的欲望人情的。

就现代生活而言，在外在强制的法律与内在自律的道德良知之间，有很大的空间，即包含社会礼俗在内的成文与不成文的生活规范，这就是所谓“礼”。古今社会规范的差异不可以道里计，但提高国民的文明程度，协调群体、乡村、社区、邻里的关系，促成家庭与社会健康、和谐、有序地发展，不能没有新时代的礼仪文化制度、规矩及与之相关的价值指导。今天我们仍然面临提高国民文明程度的任务。在这一方面，礼学有深厚的资源。就国家间的交往而论，尽管周秦之际的诸侯国与现代的民族国家不可同日而语，但互利互惠、和平共处的交往之礼义，亦有可借鉴之处。

礼乐文明在社会与国家治理方面，在人的精神安立、安身立命方面的意义甚大甚广，不可轻视。我们今天建设新时代的礼与礼乐，应以此为目标。

（节选自2018年11月“礼学与中国传统文化”国际学术研讨会上的演讲稿）

文明对话、交流、互鉴的经验

当今时代文明间的交流互动，无论是空间还是时间，深度还是广度，与过去相比，完全不可同日而语。但历史上文明间交流、互鉴的经验，仍值得我们认真咀嚼与借鉴。

文明间的交流、互动、发展有什么规律呢？以儒学为主流的中国文化与佛教、伊斯兰教、基督教的文化交流、互鉴的成功经验与未来前景如何呢？

佛教于东汉传入我国，经过魏晋南北朝的格义，成为中国传统文化的有机组成部分，至隋唐时期蔚为大国，形成中国化了的佛教宗派，如华严宗、天台宗、禅宗等，终而与本土的儒、道文化鼎足而三。继而，儒释道融为一体，至宋明时期经过知识人改造，形成道学（或理学），传到东亚，道学或理学成为整个东亚的精神文明。

伊斯兰文化与儒家文化的会通也是文明交流对话的典范。正是在回儒学者以儒诠经、以回补儒、回儒兼修的良性互动中，伊斯兰教在明清时期实现了中国化，而且最终形成了回族。自此，伊斯兰文化成为中华文化的有机组成部分。

西学东渐主要是指基督教的文化等西方文化与中国文化相冲突又相融合的过程。17 世纪初，以利玛窦为代表的传教士来华传教。经过曲折复杂的历史过程，西方宗教乃至整个西方文化，包括科技文明传入中国。基督教逐步中国化了，它也成为中华文化的有机组成部分。

佛教东传、伊儒会通、西学东渐的发展过程中，中国本土的儒、道文明之所以能够与佛教、伊斯兰教、基督教文明在碰撞中交融，最主要的是它们有根本的相通处。以儒家为例，儒家文明与佛教、伊斯兰教、基督教文明既有区别、差异，又有内在的认同与深层的一致性。佛、伊、耶的戒律、圣训与儒家的训条、格言有相互会通处，双方在孝敬父母、生活伦理、教化民众、中庸之道等方面，在私德与公德上，也有深刻的一致性。儒家八德（孝、悌、忠、信、礼、义、廉、耻）、五常（仁、义、礼、智、信），在佛、伊、耶的道德之德目中，大体都能找到相应的名目与内涵。

特别值得注意的是，在佛、伊、耶与儒家文明的交流互鉴中，佛、伊、耶的大德大师在双方理论与实践的融会贯通上做出了非凡的贡献。如东晋大德慧远兼顾儒佛两方面的特点与尊严，对中国佛家伦理观与礼制的确立及中国佛教对王朝态度的确立，起了重要的作用。隋唐天台、华严、禅宗的领袖与学者都致力于儒佛的融合。明末清初的王岱舆、清初的刘智，都是著名的伊斯兰教学者，他们深通中国文化，特别是儒学，把伊斯兰教义与儒学结合起来，使两者交融互补。西方传教士利玛窦于明万历年间来华传教，衣儒服、读儒书，以汉语著述的方式传播天主教教义，并传播西方天文、数学、地理等科学技术知识，他的著述对中西文化交流做出了重要贡献。

中国文化、儒家文化在亚洲与世界文明交流互鉴中，在与诸子百家，特别是与佛道二教相互批评、相互取长补短的过程中，硕果累累，延绵不绝，最为重要的原因是中国文化、儒家文化自身的性质：和而不同，兼容并包，开放多元，博采众长。中国文化，包括儒学，它的同化力、融摄力很强，善于消化吸收不同文明与文化的因素与成果，壮大并丰富自身。我们现在所说的“国学”，并不是汉民族的专利，其中汇聚了历史上多民族的智慧，是中华各民族共同创造的、共同拥有的文化精神资源，正所谓“一体多元”“和而不同”。我国不同时空、民族、地域的丰富多彩的文化不断交流融合，其中还伴随着中外文化的碰撞、交流与融合。整个中国文化史可以说是一部各民族文化互动、融合的历史，是多元一体的中华各民族的文化史。

儒学不是中国的专利，它属于东亚各国。儒学自宋代以后，特别是明代以后，就是东亚社会共有的思想资源，日、韩及东南亚等国家和地区在此后的发展中也形成了自己的儒学传统，都有创造性。儒家文化就在家国天下中，它在中国、日本、韩国、东南亚等地的发展，都是自然形成的，是很自然的过程，滋养了这些地域、社会的方方面面。儒学成为汉字文化圈的主要精神导向是自然形成的，儒学就是一种文明、一种修养，它浸润家国天下的各个层面。因此，儒学是一种社会形态和文化形态，它不是意识形态也不是宗教，它是一种儒家士人主导的文化，当然它有自己的知识系统、价值系统与信仰系统。

中国文化、儒学的发展史是“开放包容、互学互鉴”的历史，恰好证明了“文明因多样而交流，因交流而互鉴，因互鉴而发展”。

今天，中国文化、儒学面临新的挑战，面临新的发展契机。首先是文明间的对话与交流，此外还有日新月异的科学技术（如人工智能）的挑战，以及现代公民社会个体自主自由意识和民主社会的挑战。儒学也需要自我扬弃与转型，它不可能像在传统社会那样包打天下，它在今天应与时偕行，汲取时代的精华，回答时代的问题。儒学自身有自由的传统，也可以在现时代借鉴西方文明而调适上遂，返本开新。

当前，人类面临科技与商业文明的挑战，儒家、基督教等传统所面临的共同危机是“超越”性的旁落与意义世界的坍塌。现代神学思潮企图消解神化，重视经验与过程，并日益俗世化，由他世的性格转变为现世的性格。由此来看，儒耶二者正可接近。在现代多元文化架构下，持守“即凡即圣”理念的儒家，比之基督教反有一定的优势，可以把这一睿智运用于当下。

我们可以从伊斯兰教、佛教、基督教与儒家、道家传统中找到共识与普遍性伦理。比较宗教学启发我们重视儒家资源的终极性及人在现代的安立问题，发挥儒家在当代宗教与文明对话中的积极作用。

全球化趋势正激烈加深根源意识并导致本土化的响应，地域、族群、宗教信仰、语言、性别、阶级、年龄的矛盾冲突屡见不鲜，有时甚至相当尖锐，这正是文明冲突与对话的背景，恰恰表明文明间理解、沟通与对话的必要。

文明对话、交流、互鉴的经验无非是两条：一方面，我们应当与时俱进，健康发展，返本开新，创造转化，特别是不能封闭，而要坚持开放多元，对话交流，尊重他者，吸纳百家；另一方面，我们要有文化自觉与文化自信，自有定力，反对随波逐流，迷失自我。今天我们处在更大的文化交流的时代，因此一定要有文化自觉，深入开展文明对话。文化自觉是文化交流、文明对话的前提。我们首先要认识与尊重自己的传统文化，进而尊重其他文明传统，这样才有益于自身文明的创造性转化及世界各民族文明的相互理解、对话、交流与互动。

我们必须重视普遍价值。在杜维明看来，作为儒家伦理核心价值的“仁”，即忠恕之道够得上是全球伦理，或者说忠恕之道是普世价值的儒家表达。儒家认为，“己所不欲，勿施于人”是恕道，是人与人之间相处的消极原则，与之对应的积极原则是忠道，即“己欲立而立人，己欲达而达人”。儒家的仁爱，正是忠恕之道一体两面的展开。杜维明指出，这两条原则应成为人类“责任宣言”的基本原则。你的生存发展与我的生存发展不是零和游戏，而是宽容、沟通、双赢。他进一步指出，儒家“爱有差等”进而推己及人地向外推展，以及“仁者与天地万物为一体”的观念，应视为人类与自然协调、平衡、和谐的原则。

近些年，我在前贤基础上提出了新六伦、七伦重建的问题，即对五伦做出创造性改造。新六伦或七伦之新，在于各伦增加了新的内涵，更强调平等、互动、互补，且增加了同事一伦与群己一伦。正常的同事关系、上下级关系有助于现代职业伦理的建构，正常的群己关系有助于新的社群、公民道德与文明间的对话。这两伦的健康重建，可应对个人与社会、国家、人群之间或陌生人之间的交往，乃至调整人类与天地、山河、动植物类的关系，处理好自我与他者的关系问题。

儒学发展机缘巧合，有时代、地域的背景、制约与需求。儒学在今天中国的复兴与重建，说到底还是自身的社会需要。经济发展了，社会安定了，自会有这种需求，这是很自然的事情，人终究要找到自己精神信仰的归乡与故园。现在有的青年学子出现心理失衡，十分焦虑，精神包袱排解不开，原因是多方面的，可能是个人心理问题，或是源自家庭，也可能是社会的因素。这可以用国学智慧来加以调节。中国传统的价值理想与人生信念，特别是儒、释、道、耶与宋明道学（或理学）中的智慧，会给我们提供一些心理调节的资源，首先是人生的目的与意义的贞定，乃至宇宙意识的开发。中国文化中充满着生命与生存的大智大慧，需要我们慢慢咀嚼、体验与实践。

（原载《文化大观》2020年2月第1期）

刚健自强　万难不屈

——抗疫中展现出来的中华民族精神

在这场由习近平总书记亲自领导的抗疫斗争中，中华民族展现出来的精神力量令世人瞩目。其中，尤其是刚健自强、万难不屈的精神得到充分彰显。

疫情突发，来势汹汹，猝不及防，但我们没有惊慌失措，进退失据。在党中央的坚强领导下，全国上下万众一心，同心同德，全力支援湖北，演奏了令人惊叹的伟大的“救援交响曲”。援鄂的与本地的医护人员、志愿者和来自世界各地各行各业的所有“逆行者”，为湖北省特别是武汉市人民“拼过命”的人，本地的党政军民学、工农兵学商的实践者，基层的社区工作者，均奉献了他们的心力、劳动、汗水、智慧与情感，甚至生命，谱写了人类史上一部壮丽的“救死扶伤”的光荣史诗。他们不畏生死，不计报酬，在抗疫一线英勇奋斗的事迹，可歌可泣，催人泪下，值得我们每一位国民学习，也值得子孙后代永远铭记并传承下去。

中国历史上灾难频仍，历朝历代都有赈济灾荒的办法，并不断加以完善。渗透在具体的救灾方法、经验与过程中，从精神上来提炼，则主要是一种精神力量，那就是自强不息、生生不已的精神。这是积淀在古今中国人的集体无意识中最为重要的精神品格之一。中国人积极有为，肯定“逝者如斯夫，不舍昼夜”，“苟日新，日日新，又日新”，革故鼎新，创造进取。“天行健，君子以自强不息；地势坤，君子以厚德载物。”《周易》让人们向天地、乾坤、父母学习，一方面以天的刚毅坚卓的品格为榜样，生生不息，奋斗不止，绝不懈怠；另一方面，以地的容养万物的品格为榜样，道德高尚，宽以待人，承担重大的责任。

中国人因此而创造了世界上独特的文明，而且是基本上未曾中断的文明。无数的仁人志士奋发前行，不屈服恶劣的环境、势力，战胜了无数的灾荒、瘟疫，以及外来侵略者的凌辱压迫，刚健坚毅精神代代相传。

在此次抗击新冠病毒疫情的过程中，中国人民再次凸显了这一精神。面临疫情的挑战，一时间“黑云压城城欲摧”，我们用“泰山压顶不弯腰”的精神，扛过来了！在广大干部群众的内心世界，唤醒的就是这种顶天立地、舍我其谁的积极有为的担当意识，不消极、不逃避、不气馁，以大无畏的信心与勇气，面对并克服重重困难！

传统文化讲“三达德”，就是智、仁、勇，这是天下通行的品德。智、仁、勇靠什么来培植呢？靠诚实、善良的品德意识来培植加固。这里讲的是大仁、大智、大勇。大勇之德，就是“虽千万人，吾往矣”的勇往直前精神。历史与现实的中国人，特重意志上的培养与锻炼，百折不挠、万难不屈。我们讲“坚忍不拔”，强调的是一种状态，以极大的毅力忍耐、忍受。这个词也可写为“坚韧不拔”，“韧”在这里强调的是一种评价。鲁迅先生呼唤“深沉的韧性的战斗”，意义深邃，中华民族有一种韧劲。

在国家、民族、人类面临苦难的时候，尤其需要韧性精神。《周易》的屯卦讲的就是我们如何面对困难的哲理。屯即难，凡事都有屯难。无论我们做什么事业，完成什么任务，必然会遇到来自主观或客观的诸多难题，面对艰难险阻，在环境恶劣、险象环生之时，只要我们坚定信念，耐心地囤聚力量，耐得住辛苦和寂寞，勇于克服艰难险阻，顺时应运，调动一切积极因素，化消极因素为积极因素，事业就会转危为安，任务就会如期完成，终而硕果累累，欣欣向荣。

长期以来，中国人以仁义为最高价值，崇尚君子人格，肯定“三军可夺帅也，匹夫不可夺志也”“富贵不能淫，贫贱不能移，威武不能屈”的大丈夫精神，弘扬至大至刚的正气，舍我其谁的抱负，守正不阿，气节凛然，甚至杀身成仁，舍生取义。此次疫情中，许多白衣战士视死如归，面对死亡，向死而在，令人无限感佩和敬仰。

在生死观上，中国文化主张一种积极的人生态度，通过正视生命来正视死亡，以强烈的生命意识来通透死亡意识。这是以生来界定死，以积极热烈的人生实践，省视生命的有限性，赋予有限人生以无限的价值和意义。当社会、时代需要我们死时，我们要勇敢地赴死！生命是可贵的，但有比生命更宝贵的道义、节操、品格、民族精神和民族利益。为了后者，所有的祸患，乃至死亡，都决不躲避。如此，生命的价值转化为死亡的价值，生命的承担转化为死亡的担当。在这里，首先要尊重生命，在此基础上做到死而不朽。

在忧乐观上，中国文化主张“发愤忘食，乐以忘忧”“生于忧患而死于安乐”。无论是对于国家，还是对于家庭与个人，都应当居安思危。这是一种忧患意识和理性精神，一种在安与危、存与亡、治与乱、得与丧中，处顺境而不忘逆境袭来的自觉。这是基于对人生与宇宙的透彻了解，并为理想的实现而动心忍性的智慧。

我们有了 2003 年“非典”的经验，有了今年抗击“新冠”

的经验，在技术层面上，公共卫生防控体系、应急响应机制、灾害管理和机动处置的系统，应当是健全的，即公开、透明且及时、有效的；进一步，我们还应当有更高的意识、精神和境界。其中，自强不息、刚健奋进的民族精神，一定要发扬光大。这其实是一种理性精神，绝不是盲目蛮干，这种精神在今天要与科学精神、技术手段统一起来。

（原载《光明日报》2020 年 4 月 17 日第 11 版）

从小康到大同：人类命运共同体

——以《礼记·礼运》为中心的讨论

“人类命运”及其“共同体”是非常复杂的课题。人的类存在、类本质是什么？人自身怎么定位？如何分析人类不同的“共同体”与“非共同体”的存在状况？人之同类中不同种族、民族、语言、性别、宗教、文化、时代、地域的人的生存处境与诉求、命运、信仰、理想，十分复杂，其相接相处之道就更加繁复。人类的生存与非同类的生存有密切的关联，在地球上共生、并存、互动，要考虑“人类命运”和“人类命运”的“共同体”，当然必须考虑人与飞潜动植、生态环境的关系。而人之所以为人，还有终极性的关怀，人之道必服从于天之道、天之理。

中国古人在探讨人类现实处境的治理与理想前途的设计方面，众说纷纭，其中有大家熟知的大同之世、小康之世的说法，无疑与今天我们所说的“人类命运”及其“共同体”的说法有一定关联。

在《礼记》四十九篇中，《礼运》是第九篇。关于《礼运》的写作时代与作者，任铭善认为是子游记孔子之言，也有后人窜入的文字。[①] 杨天宇认为此篇受战国末阴阳五行思想影响，可能是

---

① 任铭善：《礼记目录后案》，齐鲁书社，1982 年，第 23—25 页。

秦、汉时期的作品。[①]王锷认为，《礼运》全篇是孔子与子游探讨礼制的文字，主体部分是子游记录的，大概写于战国初期，在流传过程中约于战国晚期掺入了阴阳五行家言，又经后人整理而成为目前我们看到的样子。[②]我们取任铭善、王锷说。

如此看来，《礼运》文本大体上定型于战国末期，基本上是儒家关于理想社会（圣王时代理想）与现实的讨论。《礼运》约四千字，主要探讨理想的“大同”社会与现实的“小康”社会，以及因“小康”社会而有了礼与礼制的必要，礼的起源、发展、运行，圣王制礼的根据、原则，礼与仁、义、乐、顺的关系，礼制的运行及以礼来治理人情、社会的意义，批评了违礼的现象，最后，回归到“顺”与“大顺”之世。

大同理想社会的描述启发了诸多古代思想家。近代以来，廖平、皮锡瑞、康有为、孙中山、毛泽东等人都受到“大同之世”的影响。这一篇之所以重要，是因为它描述了“大道之行也，天下为公”的“大同”社会理想，就是中国的“理想国”，也是历代中国人的“中国梦”。当理想社会不能到达时，现实社会如何治理？这就是《礼运》“小康之世”所讨论的具体内容。邓小平曾论述了中国现实版小康社会的建设。

一、面对现实，悬置理想

《礼运》开篇有关“大同之世”的社会理想是中国人的理想。

---

① 杨天宇:《礼记译注》，上海古籍出版社，1997年，第362页。

② 王锷:《〈礼记〉成书考》，中华书局，2007年，第241页。

“大同”理想之世与“小康”现实之世不同。本文作者面对现实，悬置理想，尤其是强调用礼制面对、治理小康之世。

孔子参加了鲁国于周历十二月举行的合祭百神的蜡（音乍）祭，祭礼结束后，出来在门阙的楼观上游览，不觉发出叹息之声。孔子的慨叹，大概是叹息鲁国。言偃（子游）在旁问道：“先生为什么叹息？”

孔子曰：“大道之行也，与三代之英，丘未之逮也，而有志焉。”《礼记·礼运》的作者假托孔子所说的话：“大道之行也，天下为公。选贤与能，讲信修睦。故人不独亲其亲，不独子其子，使老有所终，壮有所用，幼有所长，矜寡孤独废疾者皆有所养，男有分，女有归；货恶其弃于地也，不必藏于己；力恶其不出于身也，不必为己。是故谋闭而不兴，盗窃乱贼而不作，故外户而不闭，是谓大同。”

孔子悲叹道：大道通行的时代与夏商周三代精英当政的时代，我都没有赶上。当然，通过文字记载可以看到。孔子描绘了大同之世。这也是儒家所设想的远古时期“天下为公”的时代，也可以说是古代中国人的梦想：天下为人民所公有，选举有贤德与有才能的人来治理社会，人与人之间讲求信用，和睦相处。人们不只爱自己的双亲，不只抚养自己的子女，而使所有老年人都得到赡养，壮年人有工作，幼儿能得到抚育，年老丧夫或丧妻而孤独无靠的人及残疾人都能得到照顾与优待。男人都有自己的职分，女子都能适时婚嫁。钱财货物，担心它被抛弃在地上得不到合理利用，倒不一定收藏在自己家里；智力体力，不能从自己身上发挥出来，倒不一定为了个人利益。爱惜财物、民力，热爱劳动，都出于公心，绝不据为己有。因此，阴谋诡计不能得逞，盗窃和乱臣不会产生，外出不用关门，这就是大同社会。这就是“天下一家”，“中国一人”的社会理想，是人类命运共同体的最高的政治正义的追求。

儒家主张满足人民的基本公正合理的要求，强调民生，制民恒产，主张惠民、富民、教民，缩小贫富差距，对社会弱者、老弱病残、鳏寡孤独和灾民予以保护。其推行的文官制度、教育制度，为平民、为农家子弟提供了受教育及参与政治的机会。其天下大同、天下为公的社会理想与社会正义观、公私义利观是历代儒生的期盼，也是他们批判现实的武器。这一思想的前提是：其一，人民是政治的主体；其二，人君之居位，必须得到人民之同意；其三，保民、养民是人君的最大职务。这即是“王道”“仁政”。

“今大道既隐，天下为家，各亲其亲，各子其子，货力为己，大人世及以为礼，城郭沟池以为固，礼义以为纪。以正君臣，以笃父子，以睦兄弟，以和夫妇，以设制度，以立田里，以贤勇知，以功为己。故谋用是作，而兵由此起。禹、汤、文、武、成王、周公，由此其选也。此六君子者，未有不谨于礼者也。以著其义，以考其信，著有过，刑仁讲让，示民有常。如有不由此者，在埶者去，众以为殃，是谓小康。”

何谓小康之世？如果说“大同”是原始共产主义的时代，那么“小康”就是阶级与私有制的时代。这是说，现在，大道已隐没消逝了，天下变成一家所私有，每个人都只爱自己的父母子女，货物与劳动都是为了自己。君主的子弟世代承袭，认为合于礼，因而修建城、郭、沟、池来保障安全。还用礼义为纲纪，以礼来端正君臣名分，笃厚父子关系，和睦兄弟情谊，调和夫妇感情。用礼来设置制度，建立田里，尊敬勇士智者，一切事功都是为了个人。所以，权谋由此而生，战事由此兴起。夏禹、商汤、周文王、周武王、周成王、周公，就是以礼义治国的杰出人物。这六位君子，没有不谨慎地实行礼制的，用以显明道义，成就信用，明察过失，倡导仁爱而讲求谦让，向民众表示有治国的常道。如有不遵行礼义的，做君主的将被废黜，民众把他视为祸殃。这就叫作小康社会，即现实的社会，充斥有欲望、有私利的人的社会。

二、小康之世要靠礼来治理

既然小康才是现实社会，那么《礼运》作者集中讨论的就是小康社会的治理问题。《礼运》作者的思想逻辑，重在讨论小康社会的治理，即礼治或礼制。要讨论礼与礼治，必须全面理解礼的根源、根据，礼的社会功能及礼之中的道德价值。

言偃复问曰："如此乎，礼之急也？"孔子曰："夫礼，先王以承天之道，以治人之情，故失之者死，得之者生。……是故夫礼必本于天，淆于地，列于鬼神，达于丧、祭、射、御、冠、昏、朝、聘。故圣人以礼示之，故天下国家可得而正也。"

子游又问孔子："礼是这样急需的吗？"礼是古代圣王禀承天道，用来治理小康之世中人之情欲的。所以丧失了礼就失去了生路，有了礼才能生成。礼的精神与制度，一定要根据于天，效法于地，取法度于鬼神，而贯穿在丧、祭、射、御、冠、昏、朝、聘等各种活动之中。圣人把礼明示给人民，天下国家就能得到正确的治理，小康之世尤要靠礼来治理。

这里指出，"礼"是前代圣王禀承天之道，用来治理人情的，以"礼"治天下、国家是十分重要的。"礼"根据于"天"，效法于"地"，具有神圣性。这里肯定"礼"的形上根据，比荀子的

"礼有三本"说更加重视终极性。[1]关于"礼"的起源、发展、过程的讨论，肯定要追溯到"礼"的根源与根据。关于"礼"的终极根源与根据，《礼运》作者则假孔子之口回答言偃之问，谓"礼必本于天，殽于地"。

孔子回答了言偃的两问。回答第一个问题时指出，"礼"是前代圣王禀承天之道，用来调理人情的，以"礼"治天下、国家是十分重要的。"礼"根据于"天"和"天道"，效法于"地"和"地道"，具有神圣性。这里肯定了"礼"的终极根据。礼的精神与制度，根据于天、地的精神，取法度于鬼神，而贯彻在丧、祭、射、御、冠、昏、朝、聘等各种礼仪活动之中。圣人把礼明示给人民，天下国家就能得到健康的治理。

回答第二个问题，事关夏、殷之礼的考察。《论语·八佾》曰："子曰：'夏礼，吾能言之，杞不足征也；殷礼，吾能言之，宋不足征也。文献不足故也。足，则吾能征之矣。'"这里的"文献"，指传统典籍与当时贤者。孔子论夏殷之礼，认为历史文献与贤者两项都不足以证明，不仅古代典籍不充足，而且在夏殷遗民的贤者中也不足以证明古礼。这说明，礼与礼制是与时偕行、不断变化的。

礼其实是天下财产、权力分配与再分配的秩序。孔子哀叹周礼衰微，批评鲁之郊禘非礼。这里列举了当时统治者的种种违礼行为，说明其危害，反映的主要是周天子式微，诸侯强大，僭越其礼，造成君臣不分，相互戏谑的状况，强调了以礼治国的重要性，认定礼是治国理政、安定君位的。国政不正、君位不保，就

---

① 荀子《礼论》有"礼有三本"说，把天地作为生命的本源来崇敬，但《礼记》对"礼"的超越性与终极性的重视，则超过了《荀子》。

会出现陪臣执国命等攘夺现象。

“是故礼者，君之大柄也，所以别嫌明微，傧鬼神，考制度，别仁义，所以治政安君也。故政不正则君位危，君位危则大臣倍，小臣窃。刑肃而俗敝，则法无常；法无常而礼无列，礼无列则士不事也。刑肃而俗敝，则民弗归也，是谓疵国。”

这里讲的礼法关系也值得注意。广义的礼包含法在内，这里指出了狭义的礼与法（当时狭义的法即刑）的张力。作者认为，如一味强调严刑峻法，没有礼俗和礼乐之教的配合，社会秩序就会败坏。礼俗的败坏、法律的动摇，不能安定社会秩序，致使人心涣散，这就是病国。因此，治理小康社会最好的方式是礼治。

三、礼的终极根据与生态系统

《礼运》论述了礼的起源、发展、完善的过程。首先强调礼的社会学起源，即起于习俗。礼沿袭了古代饮食，乃至衣食住行、生死葬祭的方式，与之有密切的联系，这是了不起的认识。《礼运》又重视人类史上先民学会用火、吃熟食和制造工具与器物的重要性。这里还记载了古人祭祀神灵的方式，特别是通过礼器、礼品的陈列和仪式，通过祝告文辞达到人神交流的整个过程。因为葬礼、祭礼的仪式与意义本身涉及养生送死，事奉天神上帝，与神灵相沟通、相往来。

《礼运》又指出，规范有序、庄严肃穆的祭祀，用以迎接上天之神与祖宗神灵的降临；祭礼的社会功能可以端正君臣，亲和父子兄弟的恩情，整齐上下关系，夫妇各得其所，这即承受了上天的赐福。可见祭礼的目的还是为了人世间的秩序与和谐。

《礼运》强调“礼必本于天，淆于地”（上节已讲到）；“政必本于天，淆以降命”；“圣人作则，必以天地为本，以阴阳为端”。又说：

“是故夫礼，必本于大一，分而为天地，转而为阴阳，变而为四时，列而为鬼神。其降曰命，其官于天也。夫礼必本于天，动而之地，列而之事，变而从时，协于分艺。其居人也曰养，其行之以货力、辞让、饮食、冠、昏、丧、祭、射、御、朝、聘。”

“大一”即“太一”，指天地未分时混沌的元气，至大无垠。“太一”分离而为天地，转化为阴阳，变动为四时。四时更迭运转，在天地间布列了主管生成万物的种种鬼神。“太一”的气运降临到人世间就叫作“命”，“太一”对万物的主宰在于“天”。其实“大一”就是指上天，即天道、天理纯一不二又为理之至极。此句与“礼必本于天”句，是同一个意思。

这里论礼之本源、运用与表现。礼在总体上必以“天”为根本。礼必根据于“天”“天道”与“天理”，效法于“地”“地道”与“地德”，并运用于大地，分布于众事，随四季而变化，配合十二个月来制定事功的标准。礼在人叫作义，而礼的实行是通过财物、体力、谦让、饮食、冠礼、婚礼、丧礼、祭礼、射礼、乡饮酒礼、朝觐礼、聘问礼等表现、展示了出来。人间秩序的根据在上天的意志。

“故政者，君之所以藏身也。是故夫政必本于天。淆以降命。命降于社之谓淆地，降于祖庙之谓仁义，降于山川之谓兴作，降于五祀之谓制度。此圣人所以藏身之固也。”

国政的根据在于天理，人主应效法天地阴阳的变化来下达政令。藏身，即用来托付其身。政令颁行到祭祀土地神的社，表示按土地的不同性质因地制宜，这叫作顺应大地。政令颁行到祖庙，表明尊祖爱亲，这叫作有仁有义。政令颁行到山川，山川有各种物产，可以制造各种器物，这叫作兴作。政令颁行到五祀（门、户、中霤、灶、行），代表宫室各有法度，这叫作制度。

在“天人合一”理念下，“天”是一切价值的源头，而就“生物”而言，天、地往往须并举，且很多时候举“天”即统摄着“地”，所以，我们也可以说“天地”是生态系统中一切价值的源头。而人呢？人如何定位？人得天地之德、五行之秀气，为天地之最贵者。

“故人者，其天地之德，阴阳之交，鬼神之会，五行之秀气也。故天秉阳，垂日星；地秉阴，窍于山川。……故人者，天地之心也，五行之端也，食味，别声，被色而生者也。故圣人作则，必以天地为本，以阴阳为端，以四时为柄，以日、星为纪，月以为量，鬼神以为徒，五行以为质，礼义以为器，人情以为田，四灵以为畜。以天地为本，故物可举也。”

这里肯定了宇宙生态各层次中，人处在较高的层次；人体现了天地的属性，阴阳二气的交感，鬼神力量的妙合，荟萃了金、木、水、火、土五种秀美之气；人是天地的心脏，五行的端绪，是能调和并品尝各种滋味，创造并辨别各种声调，制作并披服各色衣服的动物。尽管人是万物之灵，但人仍从属于生态系统之整体。因此，圣人制作典则，必以天地大系统为根本，以阴阳二气交感为起点，以四时所当行的政令为权衡，以五行运行的节律为内容，以礼义为器具，以人情为田地。因为以天地为根本，万物会作兴发展；以阴阳交会为起点，各种情状都可以了解；以四时为权衡，各项事业可以勉力而行；以日星为纲纪，事情可以有序地发展；以一年十二个月来计量，事功就有了标准。这里特别肯定五行，即金木水火土五种属性的力量不断运行、转移的律则，又肯定礼义是治理人情的，人则是礼义治理的对象。因此，人在天地之中一定要尊重山川、动物、植物等。

四、礼的社会功能与内在价值

《礼运》更为重视的是礼的社会功能和内在价值。前者指礼是用来治国理政的，是最佳良方；后者指礼内蕴的仁义忠信等道德价值，是滋养人的生命的，可用以调治人情，培育君子人格。

“故圣人参于天地，并于鬼神，以治政也；处其所存，礼之序也；玩其所乐，民之治也。故天生时而地生财，人其父生而师教之，四者君以正用之，故君者立于无过之地也。”

这就是中国人家喻户晓的“天地君亲师”的最早出处。很长时期，家家户户供着的牌位上写着这五个字。天时、地财、亲生、师教，是人们生存的主客观条件，而君的调节十分重要。政令、政治的根据在于天理，依天时、地利而行；圣人按照天地之理和神灵的启示，来调节政教；国君则顺应天时地利，因地制宜，尊师重道，实施人伦教化。其中最重要的是礼治秩序，以礼来调节人。只有中国人的信仰、崇拜中，把教育、教师、师道放在如此重要的地位，与天、地、君、亲同等重要。

“故圣人耐以天下为一家，以中国为一人者，非意之也，必知其情，辟于其义，明于其利，达于其患，然后能为之。何谓人情？喜、怒、哀、惧、爱、恶、欲，七者弗学而能。何谓人义？父慈、子孝、兄良、弟弟、夫义、妇听、长惠、幼顺、君仁、臣忠，十者谓之人义。讲信修睦，谓之人利；争夺相杀，谓之人患。故圣人之所以治人七情，修十义，讲信修睦，尚辞让，去争夺，舍礼何以治之？饮食男女，人之大欲存焉。死亡贫苦，人之大恶存焉。故欲恶者，心之大端也。人藏其心，不可测度也。美恶皆在其心，不见其色也，欲一以穷之，舍礼何以哉！”

这里分析现实、功利的社会人的人情、人义、人利、人患。人的情感一般有七种：喜、怒、哀、惧、爱、恶、欲。而所谓“人义”，即人的价值，依人的社会角色，一般有十条：父慈、子孝、兄良、弟悌、夫义、妇听、长惠、幼顺、君仁、臣忠。人利是讲信修睦；人患则是争夺相杀。圣人调理七情，让人通晓十义，辨别利害，讲求诚信，和谐谦让，消除攘夺，靠的是什么呢？靠的就是礼与礼教。这里的合理性，肯定饮食男女是人们很大的欲望，死亡贫困是人们最大的憎恶，只要合理合法，社会、治政者应当帮助人们满足食色等的基本生活欲望，避免或离开贫穷死亡。作者认为，还是要用礼与礼教调节人们的欲念欲望，理顺情与理的关系，实现人的意义与价值。以上的重点还是强调礼对于调整人心与治理天下的重要性。

《礼运》指出，先王忧虑礼的精神不能下达基层，强调以祈神祭祀为中心以制礼立制，以及礼事活动的意义。先王依次安排各种祭祀，埋下币帛以赠神灵，宣读告神和祝福的文辞，设立制度，使国有礼制，官有统系，事有专职，礼有秩序。先王使礼下达于民众。天子在郊外祭天，以确立天的至尊地位；在国都中祭祀社神，用以歌颂大地的养育之功；祭祀祖庙，体现仁爱；祭祀山川，用以敬礼鬼神；祭祀宫室的中门、户、中霤、灶、行五神。因此设置宗人与祝官在宗庙，三公在朝廷，三老在学校，天子前有巫官后有史官，卜人、筮人、乐官等都在左右，天子居中，清正寡欲，持守正道。因此在郊区祭祀天帝，天上群神都随上帝享祭而各受其职。祭祀社神，大地的各物资物产可以尽其用。祭祀祖庙，父慈子孝的教化可以施行。祭祀五祀，从而整饬各种规则。所以，从郊天、祀社、祭祖、祭山川至五祀，就是修养与坚守礼义。

“故礼义也者，人之大端也。所以讲信修睦，而固人之肌肤之会，筋骸之束也；所以养生送死，事鬼神之大端也；所以达天道，顺人情之大窦也。故唯圣人为知礼之不可以已也。故坏国、丧家、亡人，必先去其礼。”

所谓“肌肤之会，筋骸之束”，即以肌肤的交合、筋骨的连接，来表达礼义是用来讲求诚信，搞好和睦而牢固地规范人的行为举止的。礼义是做人的最基本的出发点，守之则生，去之则亡。破坏人之身家国，必先毁坏其礼。凡是国亡家破身败的人，一定是由于他先抛开了礼，才落得如此下场。

“故礼之于人也，犹酒之有蘗也：君子以厚，小人以薄。故圣王修义之柄、礼之序，以治人情。故人情者，圣王之田也，修礼以耕之，陈义以种之，讲学以耨之，本仁以聚之，播乐以安之。故礼也者，义之实也，协诸义而协，则礼虽先王未之有，可以义起也。义者，艺之分，仁之节也。协于艺，讲于仁，得之者强。仁者，义之本也，顺之体也，得之者尊。”

礼是依从义制定的规矩，只要将礼仪比照义理，使两者配合，那么即使在先王时没有的礼仪，也可以根据义理来制定。就仁、义、礼诸德目的关系而言，仁爱、仁德是本体，是实质内容，义则是分辨、区别，使仁爱有了原则，爱其所当爱，敬其所当敬。礼把仁义具体化了，变成仪节了。

“故治国不以礼，犹无耜而耕也；为礼不本于义，犹耕而弗种也；为义而不讲之以学，犹种而弗耨也；讲之于学而不合之以仁，犹耨而弗获也；合之以仁而不安之以乐，犹获而弗食也；安之以乐而不达于顺，犹食而弗肥也。”

治国而不用礼，就好比耕田而不用农具。制礼而不源本于义，就好比耕地而不下种；有了义而不进行讲解教育，就好比下种而不除草；有了讲解教育而不和仁爱结合，就好比虽然除草而不去收获；和仁爱结合了而不备乐置酒犒劳农夫，就好比虽然颗粒归仓而不让食用；备乐置酒犒劳农夫了而没有达到自然而然的境界，就好比饭也吃了但身体却不强健。

“四体既正，肤革充盈，人之肥也。父子笃，兄弟睦，夫妇和，家之肥也。大臣法，小臣廉，官职相序，君臣相正，国之肥也。天子以德为车、以乐为御，诸侯以礼相与，大夫以法相序，士以信相考，百姓以睦相守，天下之肥也。是谓大顺。大顺者，所以养生、送死、事鬼神之常也。”

四肢健全，肌肤丰满，这是一个人的身体强健。父子情笃，兄弟和睦，夫妇和谐，这是一个家庭的身体强健。大臣守法，小臣廉洁，百官各守其职而同心协力，君臣互相勉励匡正，这可以看作是一个国家的身体强健。天子把道德当作车辆，把音乐当作驾车者，诸侯礼尚往来，大夫按照法度排列次序，士人根据信用互相考察，百姓根据睦邻的原则维持关系，这可以看作是整个天下的身体强健。一个人的身体强健，一个家庭的身体强健，一个国家的身体强健，整个天下的身体强健，这些合在一起就叫作大顺。大顺，它是用来养生、送死、敬事鬼神的永恒法则。

达到了大顺，即令是日理万机也不会有一事耽搁，这便是顺的最高境界。由此看来，明白了顺的重要性，才能时时警惕，守住高位。礼的最大特点就是讲究区别，礼数该少的就不能增加，礼数该多的也不能减少，只有这样，才能维系人情，和合上下而各安其位。

这里再次强调礼对于人的人格成长与治国理政的重要性。礼的功用首在治理人情。这里对人的界定，是以礼义、仁德为中心的，人应当是道德的动物。这里也强调了治国之本是礼，而在礼的规范之背后，重要的是道德仁义的精神。

在讨论礼、义、仁、顺、教育、音乐的作用及其相互关系时，强调治国必须以礼，礼则以义为根据，主张要通过讲学、教育，来明辨是非，而教化则应以仁爱之心来施行，以凝聚大众。如此，尚不如以音乐陶冶人心，使大家愉悦心安，而愉悦心安还不如追求每一生命的通达、和顺。最后以达到天下和谐的大顺，作为治国理政的最高境界。所以，明了顺的真谛，然后才能安守高位。

五、余论

人类各族群都追求人的终极目的，追求理想社会乌托邦，但理想国各有不同的内容与形式。《礼运》的“大同之世”是中国人的理想国、乌托邦。人类的命运有同与不同，包含了不同族群、国家、不同时代的不同人群的各各不一的际遇、偶然性，但既然说到命运，则不可能不包含顺境与逆境、平坦与不平、康庄大道与曲折坎坷，都会包含庄子说的吊诡，黑格尔说的“理性的狡计”，牟宗三说的“坎陷”等。以上我们讨论的是《礼运》论述的人类的命运，由小康到大同的过程，或者是追求大同，但正视、回归到小康社会的治理过程。

正如青年人常说的“理想十分美好，现实却很骨感”，两者间有落差、张力。《礼运》的作者正视现实的社会与现实的人的两重性，为治理社会、调节人之心性情，想到的是运用礼与礼制或礼治。诸君不要小看“礼”。贾谊说：“夫礼者禁于将然之前，而法者禁于已然之后。……然而曰礼云礼云者，贵绝恶于未萌，而起教于微眇，使民日迁善远罪而不自知也。”（《治安策》）

《礼运》强调了礼的精神与制度的根源根据，具有神圣性。礼必根据于“天”“天道”与“天理”，效法于“地”“地道”与“地德”，并运用于大地。继又肯定国政的根据在于“天”“天道”与“天理”。而人呢？一方面，人得天地之德、五行之秀气，为天地之最贵者。另一方面，现实、功利的社会人有人情、人利、人患。人的情感一般有喜、怒、哀、惧、爱、恶、欲。本篇作者肯定了饮食男女是人们很大的欲望，只要合理合法，社会、治政者应当帮助人们满足食色等基本生活欲望，进而要用礼与礼教调节人们的欲念欲望，理顺情与理的关系，实现人的意义与价值。这里强调了礼治秩序，运用礼来治国理政，以礼来调节人情，尊师重道，实施人伦教化。所谓“人义”，指父慈、子孝、兄良、弟悌、夫义、妇听、长惠、幼顺、君仁、臣忠。这即后来的“五伦”。作者肯定礼的真实内涵，礼的本质是礼的生活实践中包含的仁、义、敬、让、孝、慈、忠、信等德目。礼对于人的人格成长与治国理政极其重要。本篇最后讨论礼、义、仁、顺、教育、音乐的作用及其相互关系，尤为精彩。

礼、礼教、礼制与礼治，是中国文化的最大特色及其与外国文化最大的区别。礼治不是法治，也不是德治。我们目前对礼文化的研究还非常之浅薄，希望有更多的青年努力钻研。这关系到人类命运及其共同体的课题。

（原载《中华孔学》2020 年第 2 期）

后 记

去冬今春寓居琼岛博鳌，海南出版社总编辑谭丽琳、副总编辑刘逸、重点项目分社总编辑熊果等朋友专程来看我，闲聊中说到随笔杂感。我们都喜欢这种文体，言简意赅，行云流水，直抒胸臆。出版社的这几位领导希望我把旧时所写杂感随笔集中起来，修改之后，交他们出版，我当然十分乐意。

“石韫玉而山辉，水怀珠而川媚。”思想性是文字的灵魂、珠玉。过去我喜欢读“报屁股”，读报刊先读副刊，读副刊先读杂感，从中获得营养或灵感，碰撞出思想火花，自己也慢慢学着写一点。近日把拙文汇集起来，按海南出版社诸君的建议，分成三册出版，以飨读者。书中所收录部分文章，较首次发表时略有改动。我尽可能在各篇篇末注明发表出处或写作时间，以明其背景。

随笔杂感一鳞半爪，年久散逸，此次蒙杨柳岸博士帮我从网上搜集到十多篇，基本以发表时的原状收入，另有一些稿件是我电脑中存有的发表过的旧文，是未经报刊编辑删改的旧稿。

承蒙海南出版社同仁不弃，把拙书命名为“郭齐勇国学三书”，分别冠以《国学与国魂》《国士与国风》《国音与国韵》等雅名，真是愧不敢当。本册《国学与国魂》收入了我在文化守望方面的杂感，记录了我多年来不断走近古代圣贤心灵的轨迹，思想由稚嫩而渐渐成熟。

承刘强兄不弃，为本书赐序。他是我忘年交的朋友，我们在对国学与国魂的理解上比较契合。刘兄对守先待后之所“守”，独具慧心，大序为拙书增色不少，特深致谢忱！

“昔我往矣，杨柳依依。今我来思，雨雪霏霏。”

2020年4月草于博鳌，两年后改于汉皋